新潮文庫

呪う天皇の暗号

関　裕二著

新潮社版

9095

はじめに

足かけ四年使い込んだパソコンのハードディスクから、妙な金属音が聞こえ始め、いよいよ御陀仏《おだぶつ》かと観念し、新たなマシーンを購入した。

真新しいキーボードをぱちぱちとたたき、すべての設定を終え、いざ本格使用という日の朝。電源が入らない。

「よもや……」

前日の晩、この原稿を書くために、パソコンの壁紙を変えておいたのだ。「呪《のろ》う天皇」「祟《たた》る天皇」を書くにあたって稲荷《いなり》信仰に深く分け入る必要があったから、東京郊外の高尾山の飯縄《いいづな》神社の小さなお堂に祀《まつ》られる、何十匹という狐《きつね》様にご登場願ったのだ。気分を高めるために、いつも新著のテーマに合わせた壁紙を用意する。だが、今回選んだ壁紙は、いつにもなく強烈な妖気《ようき》をただよわせていた。

ちょっと観《み》た感じ、異様な光景である。朱色を背景に、びっしりと白い狐がこちらを向いている。実におどろおどろしい。

「まさか、狐のいたずら……」

人間とは実に愚かな動物である。それは、パソコンによくある初期故障にすぎないとわかってからつくづく感じている。トラブル解消後のパソコンは、「狐様」とうまく共存している。科学の粋を集めたパソコンを操作する人間が、狐の祟りに怯《おび》えてしまったわけである。我ながら失笑した。

しかし、だからといって、「呪いと祟り」を低俗な宗教観と見下す気持ちはさらさらない。「呪いと祟り」こそ、日本人が守り続けてきた一種の「叡智《えいち》」でもあるからだ。

たとえば、樹木には精霊《せいれい》が宿り、無闇《むやみ》にこれを伐《き》り倒せば祟りに遭うと、人々は信じてきた。

「それは迷信にすぎない」

と笑殺することはたやすい。だが、このような信仰を守り続けてきたからこそ、日本列島には豊かな森が残されてきた事実を忘れてはなるまい。

森を失えば文明が滅びるという歴史の鉄則は、ここ数十年の研究によって唱えられるようになったことであって、それ以前、樹木の大切さなど、説かれたことはなかった。にもかかわらず日本列島から森が消滅しなかったのは、湿潤な気候が幸いしただけではなく、「呪いと祟り」が大きな意味を持っていたからである。「呪いや祟り」を怖《おそ》れることによって、「生命体としての地球」を、知らず知らずのうちに、われわれは守り、またその森にわれわれは守られてきたわけでもある。その点、「呪いや祟り」とは、科学ではいまだに説明されていない「大自然の摂理」と言いかえても良いわけである。

近代日本がこの貴重な叡智を嘲笑《あざわら》い、軽視したことによって、日本列島の景観がいかなるものになったか、あらためて述べるまでもあるまい。

「呪いと祟り」は、歴史にも大きな影響を及ぼした。たとえば、三世紀来、日本の王家には強い権力というものが与えられなかった。「弱い王」が守られてきた理由は、彼（あるいは彼女）らが「祟る王」そのものだったからである。権力を持たないにもかかわらず、王家を潰《つぶ》すことができなかったのは、彼らに手をかければ恐ろしい目に遭う、という共通の認識がもたれていたからにほかならない。では、なぜ日本の王家は「祟る者」と考えられてきたのだろう。

日本人と天皇家の謎《なぞ》とは、まさにこれである。

ヤマト建国の過程で、なぜ「祟る王」が選ばれ擁立されたのだろう。なぜ日本人は、「呪いと祟り」を怖れる一方で、「呪う王」「祟る王」を求めてやまなかったのか。

要するに、「恐ろしい王」とは、大自然のあり方そのものであり、日本人は「大自然の摂理にもっとも近い形の王権」を希求したのではなかったか。そして、だからこそ「祟る王」が守られたのではあるまいか。

では、このような仮説をいかに証明できるというのだろう。「呪う王」「祟る天皇」の暗号を、解き明かしていこうと思う。

目次

図版作成　アイブックコミュニケーションズ

呪う天皇の暗号

序章　古代から裏社会を支配する者

裏社会と表社会

現在の日本の裏社会を代表するものは、「暴力団」ということになろうか。この「暴力団」という命名がいつ行われたのかといえば、おそらく戦後のことであろう。

暴力団という言葉は、裏社会に対する蔑視《べっし》と恐怖心がない交ぜになって通用している。しかし、彼らはすべてを暴力によって解決しようとする団体ではない。彼らの活動を正確に言い表せば、反社会的集団なのであって、反社会的集団とは何かといえば、「法」を遵守《じゅんしゅ》しない集団ということである。

一般市民は「法」に則《のっと》って生活し、安定を保っている。これを嘲笑《あざわら》い、法を犯し無法者を決め込むのが暴力団の実態といっていい。

だから、暴力団は、正確には「無法者集団」と言いかえるべきなのである。

極論すれば、「法」という「秩序」があるからこそ、暴力団が生まれる、ということである。法のあるところには、必ず無法者が存在するのであって、これは、人類の歴史の鉄則にほかならない。両者は表裏一体の関係なのであって、「裏」を抹殺《まっさつ》しよう、撲滅しようなどという発想は、所詮《しょせん》机上の空論にすぎない。「裏」を消し去ろうとすれば、「表」もなくなるのである。「表」がなくなる、というのは、「表」が「裏」になり、「裏」が「表」になる、ということにほかならない。必要悪でもある「裏」を忌避するあまり、「表」と信じてきた社会の秩序が、実際には「裏」のシステムに組みこまれていたという、それまでは隠されていた法治国家の「裏側」を白日のもとに曝《さら》けだしてしまう事態を招くだけである。

つまり大切なことは、このような表と裏が密接に絡《から》み合っている、そういう混沌《こんとん》が、人間の営みそのものなのだということを、われわれはまず、「現実」として認識しておく必要がある、ということである。

たとえば、日本の政界と暴力団は裏でつながっている。戦後の混乱の中で、労働争議が頻発し、また共産思想が蔓延《まんえん》し、これを潰《つぶ》す目的で、当時の政府は「裏」を活用した。このため、「表と裏」の馴《な》れ合いの体質は、その後も引き継がれている。竹下登が首相に昇り詰めようとしたとき、右翼団体のいわゆる「誉《ほ》め殺し」の街宣車が繰り出され、妨害されたこと、そのため「裏」との取引が行われ、田中角栄の目白邸に竹下登が詣《もう》でることで決着した（『闇の支配者　腐った権力者』共同通信社社会部　講談社＋α文庫）というような事態が容易に起こりうるわけである。もちろん、「裏」と必要以上につながっていた竹下登が揺すられたのである。

警察と暴力団も、馴れ合いの中にいる。

江戸時代の「目明《めあか》し（岡引《おかつぴき》）」を見ればわかる通り、犯罪捜査には、裏社会に精通した者の手助けが必要なのだ。

「目明し」という言葉は、捉《とら》えた犯罪者に、笠をかぶせ町を練り歩き、共犯者を探させたことに端を発している。「目明し」に協力した犯罪者は罪を許され、今度は犯罪者を捕まえる側に立つようになったわけで、だからこれを「目明し」と呼んだわけである。現代の警察と暴力団の関係にも、似たようなところがある。殺人や強盗などの重大な事件が起きたとき、警察は「裏情報」を求める。そのために、常に「裏社会」とは何かしらのパイプを必要としているのである。

ただ、誤解のないように付け加えておくと、「裏」が大手を振ってのさばる社会がいいと言いたいのではない。「裏」はあくまで「影」なのであって、その活動が表層に出て「表」を駆逐するような状況は、社会がむしばまれつつある証拠なのである。

かつての「裏」は、権力者にとっての裏であって、「主」を持たず、誰からの支配も受けなかった。権力に対する反骨こそが、「裏」たる所以《ゆえん》だったからである。

誰がこの国を支配しているのか

「表」と「裏」はつながっている。それはそうであっても、それでは、いったいこの国を動かしているのは「表」なのか、「裏」なのか、という問題に突き当たる。

奈良朝末期以来中世にいたるまで、「表の日本」を支配してきたのは天皇家ではなく、中臣鎌足《なかとみのかまたり》を始祖とする藤原氏であった。

藤原氏は天皇家と濃密な姻戚《いんせき》関係を結び朝堂を独占すると、他の豪族との共存を拒み、敵対勢力を徹底的に叩《たた》きつぶし、長期政権を保ち続けた。

手段を選ばない藤原氏のやり方に対する反発は根強く、藤原氏を糾弾する文書が数多く記されたものだ。中世にいたり武士の台頭によって、藤原氏はいったん没落するが、武士の棟梁《とうりょう》に女人を送り込み、しぶとく生き残りを図った。そして明治維新によって王政復古が果たされると、天皇家にもっとも近い一族として、華族の筆頭に持ち上げられたのだった。第二次世界大戦後、華族制が消滅した後も、藤原氏は網の目のように張り巡らされた閨閥《けいばつ》の頂点に君臨し、新たな支配階級を形成しているのである（拙著『藤原氏の正体』新潮文庫）。

「表の日本」を支配する藤原氏

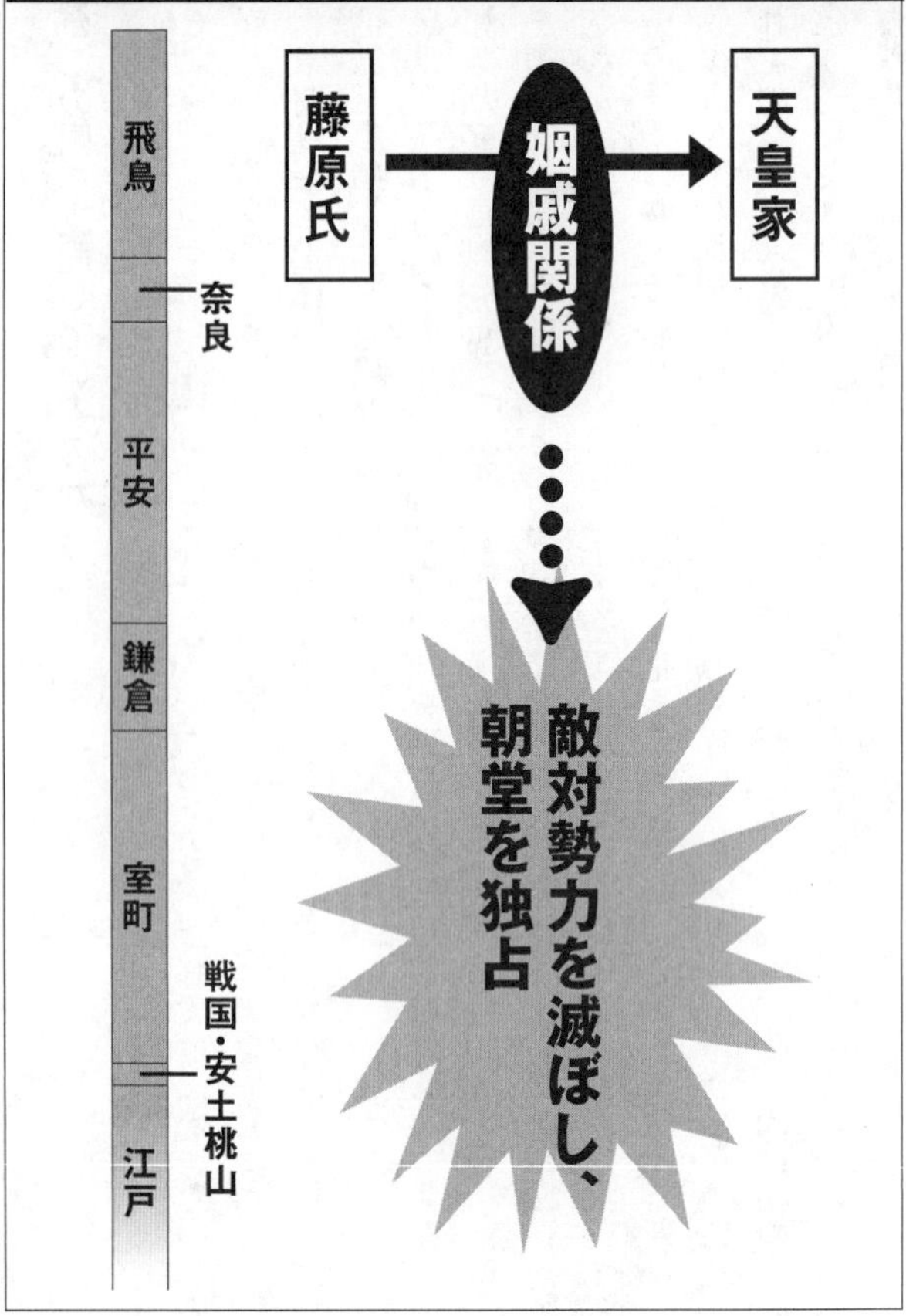

藤原氏を頂点とする「閨閥」の力を侮《あなど》ることはできない。たとえば閨閥の外から権力者の座を射止めた田中角栄がロッキード事件で失脚したのは、アメリカの石油メジャーの反感を買ったからとか、また、日本の閨閥の陰謀だったのではないかと、まことしやかに語り継がれている。日本の自立を強く意識していた田中角栄であったから、当然アメリカの標的になったであろうし、日本の閨閥社会が高みの見物としゃれ込み、田中角栄を見殺しにしたであろうことは、容易に想像のつくところだ。

したがって、「表の支配者」は、このような「はなやかな閨閥社会」を形成する人々ということができよう。多くの政治家を閨閥が輩出し、さらに、日本を実質的に動かしている官僚の世界にも、閨閥の網は幾重にもかぶさっている。

では、「裏」の日本を支配しているのは誰なのだろう。

人間社会を真に支配する者

もちろん、「裏」は「影」なのだから、実態が明らかになるわけではないだろう。日本ばかりではなく、アメリカでも、大統領がすべてを動かしているわけではない。アメリカ社会を背後から動かし続けている「裏」の組織が存在するといわれているが、その正体となると、深い闇《やみ》の中なのである。

では、日本はどうか。誰が日本を支配しているのだろう。目に見えぬ「闇」の権力が、日本を影から操っているというのだろうか。われわれは、この影に怯《おび》えて暮らさなければならないのだろうか。

日本を陰から動かし続ける「闇」の力は、たしかにある。けれどもそれは、いわゆる「裏社会」などといった人為的な存在ではなく、風や雨、山、川、つまり、自然そのものが、日本人を知らず知らずのうちに支配している「闇」なのではあるまいか。少なくとも、日本人はそう信じてきたように思う。そして近代に至っても、日本人は大自然を恐れることによって、道徳心を保ち続けてきたのである。

人間は、自然の猛威には無力である。また、目に見えない細菌やウイルスに打ち勝つことはできない。歴史を見渡せば、「文明」の発展と衰弱が、これらの目に見えない力によって左右させられていることがわかる。気候変動と文明の盛衰は密接に関わっている。文明が興隆した地域は、やがて衰退し、次の文明が別の場所に興隆する。このとき、旧文明の周辺から緑は失われ、生物の生きることのできない砂漠が広がる。つまり、文明と「森」には、科学では証明できないが確かな因果関係が存在するのである。

宮脇昭《みやわきあきら》氏は、『緑回復の処方箋《しょほうせん》』（朝日選書）のなかで、持続的に文明の栄えた地域は常緑広葉樹林帯（日本列島から中国、ヒマラヤにいたる一帯）と、常緑広葉樹林の中でも細かい毛と硬い葉をもつ硬葉樹林帯（エジプト・メソポタミア・ギリシャ・ローマ帝国のあった地中海沿岸）であったと言い、また地中海文明が没落した理由について、

単に気候の変化だけではなく、結果的には〝ふるさとの森〟を消費し尽くした時に、周りが砂漠化し、そして民族のポテンシャリティまで落ちたとみることもできよう。

と述べている。まさにその通りであろう。

たとえば、二十世紀の世界をリードしてきたのはヨーロッパ、北米、日本だが、それぞれの地域には、「緑」が豊富に残されていることがわかる。日本の場合、現状を放置すれば、豊かだった森林が減少する可能性があるが、世界レベルで見渡せば、まだ緑が多い地域と言えよう。これに対し中国北部の緑は貧弱で、だからこそ人口の増加と工業化によって、「黄河断流《こうがだんりゅう》」という信じがたい事態が起きるわけだ。それでなくとも、中国は古代文明の衰弱の段階で、すでに、豊かな森を失っていたのである。

近年急速に中国は発展したが、森と水の豊富な南部でこの繁栄は持続できても、北部

人間社会を支配するものは？

ではむずかしいのではなかろうか。あるいは、このまま森林を失った中国が欲望のままに行動し続ければ、狂気の物質文明となって、人類滅亡のきっかけとなりかねない。また、戦争と平和、文明の盛衰といった人類の営みの周期には、太陽の黒点活動との因果関係が見いだせる、とする説もある。

このように、文明は人為的につくられたのではない。いかなる権力者も天候不順や天変地異の前には、無力だったわけである。つまり、これらの事実は、人間が人間を支配できるという考えが幻想であることを、われわれに教えている。その点、木を伐《き》れば祟《たた》られる、という着想を日本人が持ち続けていたことは尊重されるべきで、むしろ驚くべき叡智《えいち》を働かせていたことに気づかされる。日本人は本能的に、大自然は人類を支配する「闇の力」であることを知っていたのである。祟りを迷信にすぎないと笑い飛ばすことの愚を、われわれはそろそろ悟るべきではあるまいか。

森に似ている天皇という王権

森と天皇はどこか似ている。

無闇《むやみ》に木を伐れば祟りにあう……日本人はそう言い伝えてきた。のちに触れるように、それは縄文時代以来日本人の深層心理に刻みつけられた、アニミズム的発想にもとづいている。

一方、天皇という王権も、これに手をかければ、恐ろしい祟りにあうと信じられてきたものだ。しかもこの王家は、人々を怖れさせるような特別な権力を持っていたわけではない。自ら軍隊を率いて朝敵を倒すことも、わずかな例外を除いて、なかった。それにもかかわらず、天皇の逆鱗《げきりん》に触れれば必ず天罰が下ると、人々は信じていたのだ。それはまるで、動くことができず、不平不満を言うわけでもない「木」を恐ろしいと感じることとよく似ている。

天皇が怖れられた例を、いくつかあげてみよう。

もっとも身近な例は、慶応四年（一八六八）一月の鳥羽《とば》伏見《ふしみ》の戦いである。

前年の十月、徳川慶喜《よしのぶ》は政権を朝廷に返上するという荒技（大政奉還）で、倒幕の勢いを削《そ》ぐことに成功していた。それでも薩長は慶喜の主導する公議政体派を、あの手この手で追いつめていった。武力による倒幕を完遂したい薩摩藩は、江戸周辺でテロ行為をくり広げ、挑発に乗った幕府は、江戸の薩摩藩邸を焼き払い、さらに、兵を挙げ京を攻めるにいたる。

こうして幕府軍と薩長軍の決戦が、鳥羽伏見街道周辺で勃発《ぼっぱつ》したのである。

幕府軍一万五千に対し、薩長軍はわずかに四千。最新式の装備を整えているとはいえ、勝敗は蓋《ふた》を開けてみなければわからない。実際、戦火を交えてみると、優劣つけがたい戦況に陥っている。

ところが、ここで薩長軍には秘策があった。それは、錦《にしき》の御旗《みはた》を用意することであった。

錦の御旗とは、南北朝時代以来、朝敵が出現すると天皇家の軍隊であることを示すために掲げられた赤い旗である。錦の布地に金銀の日月を縫い上げてある。ただし、鳥羽伏見の戦いのあった頃、錦の御旗がいかなるものであったのか、定かなことはわからなかったらしい。文献を読み想像でつくり上げた錦の御旗を、薩長軍は最前線に掲げたのである。

膠着《こうちゃく》していた戦線は、これを機に動き出す。幕府軍が朝敵であることがはっきりすると、寝返りが相次ぎ、幕府軍は劣勢に立たされた。そして、大坂城で全軍の指揮に当たっていた徳川慶喜は、軍隊を残したまま、江戸にもどってしまったのである。

徳川慶喜が、尊王論の盛んな水戸徳川家の出身であったこと、朝廷と血縁を結んでいたことなどが影響したのだろう。錦の御旗に慶喜は恭順《きょうじゅん》したのである。

もうひとつの例は、鎌倉時代の承久《じょうきゅう》の乱である。

三代将軍・源《みなもとの》実朝《さねとも》は実権を北条氏に握られ、幕府と朝廷の仲介役のような立場に置かれていた。朝廷は北条の「武士寄りの政策」を警戒し実朝に期待したが、その実朝が暗殺されると、朝廷と鎌倉幕府は一触即発の危機に陥る。鎌倉幕府を陰から操りたいという朝廷の思惑と、そうはさせじとする北条氏の思惑が激突したのである。

承久三年（一二二一）、後鳥羽上皇《ごとばじょうこう》は北条義時《よしとき》追討を決断した。これに対し、鎌倉幕府は十九万という大軍を繰り出し、西に向かって進軍した。朝廷軍を数で圧倒してしまったのである。

ただ、義時の子で軍を率いた泰時《やすとき》は、もし朝廷軍が錦の御旗を掲げて繰り出してきたならば、無条件に降伏する腹づもりでいた。十九万の軍勢がたった一本の旗には勝てなかったのである。

結局、朝廷は錦の御旗を使わなかったので、幕府軍の圧勝で終わり、後鳥羽上皇は隠岐《おき》に潜幸、延応《えんのう》元年（一二三九）にこの地で憤死する。これで鎌倉幕府は一安心であった。

義時らは京に進出し、六波羅《ろくはら》に駐留（六波羅探題《たんだい》の起こり）、西国に武家政権の楔《くさび》を打ち込むことに成功したのである。

ところが、こののち、意外な顚末《てんまつ》が待っていた。

後鳥羽上皇の死後、三浦義村《みうらよしむら》、北条時房《ときふさ》といった幕府の要人が急死し、さらに三年後、幕府の支配者・北条泰時もなかば発狂するかのように頓死《とんし》。このため、天魔蜂起《てんまほうき》のうわさが飛び交い、後鳥羽上皇の祟《たた》りに、鎌倉幕府は震え上がったのである。

循環する支配のベクトル

天皇や皇族が祟るというのは、為政者たちにとって、「常識」だったようなところがある。

天皇や上皇に恨まれれば、恐ろしい祟りに遭うと信じていたからこそ、不安や恐怖心を増幅させ、祟りが本当に起きているかのように感じてしまうのである。いわば、「祟り」とは、祟られる側の心の問題といっていい。

やはり、そうなると、なぜ天皇が祟ると考えられていたのか、その理由を知りたくなるのが人情というものであろう。

天皇、あるいは「大王《おおきみ》（天皇は七世紀後半にヤマトの大王が使い始めた称号）」が神となり、祟る存在となったからには、それなりの理由があったはずで、しかもそこには何かしらの具体的な「作為」、あるいは「契機」があったはずなのである。

崇る天皇、永続する天皇の謎《なぞ》を、「無縁《むえん》の民」「道々《みちみち》の輩《やから》」から解き明かそうとしたのが、網野《あみの》善彦《よしひこ》氏である。

網野氏は伝説的名著『無縁《むえん》・苦界《くがい》・楽《らく》』（平凡社）や『異形《いぎょう》の王権』（平凡社）のなかで、天皇家が永続した理由を、朝廷の頂点に立つ「天皇（あるいは上皇ら）」と最下層の被差別民たちの目に見えないつながりに求めた。

これを簡単に言ってしまえば、権力は循環し、上が下を支配するが、この流れは一巡し、支配されるものが支配するものを支配している、ということである。つまり、人間が自然界を支配しているようで、実際には、目に見えないウイルスには勝てないこととよく似ている。支配の方向性はあきらかに上から下に向かうのだが、最下層に落ちたところで、今度はその最下層の者どもが、最上層の者を支配している、という逆説である。

律令《りつりょう》の建前上の支配のベクトルは、天皇→貴族（藤原氏）→百姓《おおみたから》（農耕民や漁民、職人等）へと下っていくのだが、このような建前は次第に崩れ、律令の枠組みからはずれる人々が出現するようになる。中世（十四世紀以降）にいたると、律令制度と縁を切ったこれら「無縁の民」は最下層に位置づけられ、差別視されるようになる。ただ一方でこの「無縁の民」は、天皇につながっていくことによって数々の特権を勝ち得ていったのだった。

そして、最下層の人々が「天皇」を必要とし、神聖視し守ろうとしたからこそ、実権を握る貴族や武士たちは、王権簒奪《さんだつ》を断念せざるを得ず、天皇家の永続性は約束されたのだと、網野氏は推理したわけである。

では、なぜ中世にいたり、無縁の民は天皇に接近したというのだろう。このあたりの事情を少し説明しておかなくてはならない。

天皇に結びつくことで特権を獲得した道々の輩

明文化された法制度・律令は、七世紀に整備が始められ、八世紀に整えられ、以後江戸時代末期まで、日本の法制度の基本であり続けた。

この律令の中で、全国の土地はいったん朝廷の所有物となり、これを農民の頭数に応じて再分配し、見返りに租税が徴収され、労役、兵役が課せられた。これが律令国家の国家財政の基本である。

もちろん、奈良時代から平安時代にかけて、すでに律令土地制度の矛盾が噴出し、その理念は破綻《はたん》していた。人々が「土地に定着し、租税を払い続ける」ことが社会の

中世に特権を獲得した「無縁の民」とは？

俗権力を牛耳る貴族や武士

↓

支配に屈しない漂泊の者たち

俗社会と縁を切ったから無縁の民

- 芸能民
- 勧《かん》 進《じん》
- 遊　女
- 鋳《い》物《も》師《じ》
- 木《き》地《じ》屋《や》
- 薬売り　など

＝

商工民、職人などの「道々《みちみち》の輩《やから》」

↓

神や天皇に仕える
「供《く》御《ご》人《にん》」の身分・特権

↑

通行の自由、税・諸役の免除、私的隷属からの解放

秩序と国家財政を維持するための必要条件だったことに変わりはない。ところが、重税やたび重なる労役に苦しんだ人々の中には、自ら進んで田畑を手放し、律令の枠組みからはずれていく者たちが現れた。

彼らの行動は、とらえ所がない。一定の税を徴収できないために、中世にいたると支配者たちは彼らを支配階級の最下層に位置づけていくのである。これが中世被差別民の源流をなしていく。つまり、律令土地制度の枠からはずされ、また自らはずれていった者たちが、ひとつの階層を形づくり、朝廷や幕府という権力者を嘲笑《あざわら》うかのような自由な活動を始めたわけである。ちなみに、彼らをさして「道々の輩」とも呼ぶのは、彼らの中に漂泊する人々が大勢いたからである。江戸時代にいたっても、「士農工商」という言葉が示すように、役人階級の下に「農民」が位置し、その下に、「非農耕民」がおかれたのにも、深い歴史背景が横たわっていたわけである。

権力者にとって厄介だったのは、無縁の人々が神や天皇に仕える「供御人《くごにん》」の属性を持っていたことである。神社や天皇に供御（飲食物などのお供え）を献ずる見返りとして、神社や天皇から、通行の自由、税・諸役の免除、私的隷属《れいぞく》からの解放という特権を勝ち得ていたのである。

「無縁」「道々の輩」といってもぴんと来ないが、わかりやすい例を出せば、それは映画「男はつらいよ」に登場した「寅《とら》さん」である。寅さんは、「定住」を拒み、「漂泊」する民である。彼の商売は「テキ屋」で、神社仏閣の縁日とは切っても切れない関係にある。各地の神社に上納金を納め、出店の特権を獲得する。神社とつながりがない者に、出店の権利はない。このように、寅さんは「無縁」「道々の輩」の精神と生業《なりわい》を継承していることになる。

それはともかく、最下層に位置する者どもといえば、かつては「虐《しいた》げられた者」という視点で語られてきたものだ。しかし、それは一面的な見方で、実際には、自由闊《かっ》達《たつ》な活動をしていたことが、網野史観の登場によって、一般に広く知れ渡っていったのである。

たとえば、無縁の民こそが、今日に伝わる歌舞伎や能、狂言、漫才といった日本を代表する伝統文化の担《にな》い手だったのであり、また、彼らは流通、情報のネットワークを構築し、近代における商業、工業、鉱業のめざましい発展も、彼らの存在なしには考えられない、という再評価を得ることになっていくのである。また、「俗社会」の秩序から乖離《かいり》した無縁の民は、ときには思いのほか厚遇されたこともあったようで、宴席で芸能の民が大名の横に並ぶ、という例を、網野氏はあげている。

天皇は政治力学によって偶然守られた？

無縁の民とのつながりがあったがために天皇は守り継がれたとする網野氏の指摘に強く反発したのは、『室町の王権』（中公新書）の今谷明氏である。「無縁」というキーワードを使い、文化人類学的手法で「天皇」の謎を解き明かそうとする網野氏のやり方は、「天皇制度維持システムの政治力学を、突きつめて考察することを放棄」することにほかならないと今谷氏は指摘する。つまり、「そこからは結果論的解釈しか得られないであろう」というのである。

今谷氏は天皇が政治的存在であるのだから、存続した理由も、政治的要因をもって解き明かさねばならないとする。そして、網野説に反論するために選んだサンプルが、室町幕府の第三代将軍・足利義満《あしかがよしみつ》の王権簒奪《さんだつ》計画であった。

まず今谷氏は、「天皇」の歴史について触れ、古代の天皇が「親政」、すなわち天皇自ら権力を握り政治を取りしきっていたと推測し（この前提は間違っているのだが、この点については、のちに再びふれようと思う）、十世紀にいたり、藤原北家《ほっけ》が摂関《せっかん》政治を行ったところで、権力を奪い取られたのだとする。そして、天皇家側の巻き返しは、平安中期、天皇が譲位後に「上皇（太上天皇《だいじょうてんのう》）」となることによって実権を握る政治形態（院政）をとったことで始められた、とするのである。

権威を有する天皇を建前上の王とするならば、上皇は天皇の権威を笠に主導権を握るシステムであり、これを「治天《ちてん》の君《きみ》」とも称する。

藤原氏が権力を独占し、しかも天皇が潰《つぶ》されずに済んだのは、「王家の二重構造」としての「治天の君」が機能したからにほかならないという。治天の君が権力を握りつつも、責任の所在を曖昧《あいまい》にすることができたからだ。いざとなればトカゲの尻尾《しっぽ》切りのように、天皇をすり替えることで、責任転嫁《てんか》をはかることができたわけである。

鎌倉に武家政権が誕生したのちも、天皇は西国の荘園領主や権門《けんもん》勢力を味方につけたことによって、東国の御家人《ごけにん》勢力を結集した幕府に対抗し、廃絶の危機を免れたとする。

このように、平安時代から中世にかけての動乱の時代に天皇家が生き残ることができたのは、複雑に絡《から》み合った政治力学を利用したからにほかならないとする今谷氏は、南北朝の動乱ののち、天皇家最大のピンチが訪れた、とする。それが、足利尊氏の孫・足利義満の王権簒奪計画である。

この時代、朝廷は吉野の南朝と京都の北朝に分かれたままだった。かたや幕府では、管領《かんれい》・細川頼之《ほそかわよりゆき》が実権を握っていたが、次第に義満が頭角を現し、辣腕《らつわん》ぶりを発揮しだした。南北に分かれていた朝廷を一本化すると、太政大臣に任じられ、将軍職を長男の義持《よしもち》に譲り、法皇を自称、二男の義嗣《よしつぐ》を「親王」と呼び、まるで皇位に登りつめたかのような横暴な振る舞いに出たのだ。

王権簒奪を目論《もくろ》んだ足利義満

義満が「王位」に執着したきっかけは、明《みん》との国際関係にあったと今谷氏は指摘している。

義満は初め、「征夷《せいい》大将軍」の称号をもって中国の明王朝に朝貢《ちょうこう》をこころみた。しかし入貢の資格は「王」のみ、という原則を楯《たて》に門前払いされた。そこで義満は「王」を名乗り、明から「日本国王」の称号を獲得したといういきさつがある。

独裁権力を握った義満が国内的には実質的な「王」と認められても、海外から見れば、征夷大将軍はけっして「王」ではなく、「臣」にすぎない。ただ、義満が名乗った「王」は、律令制度の規定にはない称号であって、これが「天皇」に取って代わったわけではない。いわば「令外《りょうげ》の官《かん》」といういいわけが、義満にあった可能性もある。

その一方で義満は、本気で王位を簒奪しようとしていた疑いがある。というのも、義満は、日本の王朝は百代で滅びるという「百王説《ひゃくおうせつ》」をことあるごとに喧伝《けんでん》し、時の後円融《ごえんゆう》天皇（北朝第五代、ちなみに、南北朝の分裂のきっかけをつくった後醍醐《ごだいご》天皇が九十六代）がちょうどその百代目であったと見なしていた。ちなみに、百王説は吉備真備《きびのまきび》が伝えた野馬台詩《やばだいし》の中に記されていたとされている。

これらの状況証拠から、足利義満は、「天皇」という王権を捨て、自らが「王」となって独裁権力を握ろうとしていたに違いないと今谷氏は指摘し、天皇という権威は、潰《つぶ》そうと思えば潰せたのだ、と結論づける。

では、なぜ義満の野望が叶《かな》わなかったのかといえば、その理由は政治力学で説明がつく、とするのである。

最大の原因は、夢なかばで義満が急死したこと。そして第二に、義満の野望に、室町幕府側の要人たちが批判的だったことである。

つまり幕府の宿老《しゅくろう》たちは、足利氏と対等という意識を持っていて、独裁権力を握った義満に既得権を奪われる事態を危惧《きぐ》したとするのである。

そして、民俗学や文化人類学の主張する、天皇が「道々の輩」ら「裏」の社会とつながったことによって司祭王や祭祀《さいし》王権としての永続性を保った、という考えは共同

幻想にすぎないとし、

室町政治史の力関係によって〝万世一系《ばんせいいっけい》〟は結果的に維持されたのである

と結ぶのである。

しかし、今谷氏の説を、素直に受け入れることはできない。なぜなら、「天皇」は今谷氏の指摘するように政治的な存在であろうとも、一方で宗教的存在であることも確かなことだからである。したがって、政治的な「偶然」が天皇を守り続けてきたとしても、その背後には、宗教的要因も隠されていたはずで、ひとつの側面からだけで天皇を説き明かすことはできない、ということである。

その証拠に、王位を簒奪しようとした「足利」は源氏の出身であり、その源氏の根っこを辿《たど》っていけば、「天皇」に行き着いてしまうのである。平安時代東国で反乱を起こし「新皇《しんのう》」を自称した平将門《たいらのまさかど》も、天皇家の末裔《まつえい》であった事実を忘れてはならない。つまり、足利義満と平将門の野望は、「天皇の末裔」というお墨付きがあったからこその暴挙であった可能性が高いのである。とするならば、義満の王位簒奪計画を、政治力学だけで解き明かすことができるという決めつけは、短絡以外の何物でもない。

天皇が「裏」と結びついた契機

今谷説は、天皇の宗教性を排除している点、不完全である。だが逆に、網野説も完《かん》璧《ぺき》ではない。中世、最下層の人々が天皇家と結びつき、天皇から特権を引き出し、大いに活躍していたことは確かだが、それが天皇家の永続に本当に結びついたのか、また、なぜそのようなつながりができあがったのか、この謎《なぞ》について、網野氏は答えていない。

なぜ答えられないかというと、それは、古代における天皇の性格と神道の本質が、明確にされていないからであろう。いつどのように天皇は誕生したのか、神道の本質はなんだったのか、いまだに深い闇の中だからである。

また、古代史研究は、「律令制度」をいかに解き明かすかに没頭し、制度史の中の王権として天皇を見つめているから、いつまでも王権の本質が見えてこない。

歴史に断絶はないのだから、古代がわからなければ中世は理解できない。中世に起きていた天皇と「無縁の民」の不可解な関係は、古代史の中にヒントが隠されているはずなのである。

そして、古代における天皇と俗権力（主に藤原氏）の相克、さらには天皇家と「裏」（八世紀の律令体制に背いた人々）のつながりが明確になれば、突飛とも見える中世の天皇家と無縁の民の癒着が、むしろ「歴史の必然」であったと思えてくるはずだ。というのも、天皇と「裏」が結びつく契機が、中世をはるかに遡《さかのぼ》る古代において、確かにあったと筆者は見ているからである。

それが八世紀の聖武《しょうむ》天皇の時代のことで、俗社会の権力を独占しようとした藤原氏に対し、王家が「裏」の力を活用した疑いが強い。この結果、「藤原権力」に対峙《たいじ》する、「王家と裏の密約」が完成し、中世の原型が誕生していた。さらにこの現象には、三世紀来続いたヤマトの王家と豪族層の軋轢《あつれき》と融合の歴史が隠されていたのである。

他の拙著のなかで、このあたりの事情は詳述しているが、以下、その内容をかいつまんで説明しておこう。

七世紀後半に勃興《ぼっこう》した藤原氏は、一族で朝堂を独占しようと目論み、王家に女人を送り込み、藤原腹《ばら》の天皇の擁立を画策した。そのために、まず歴史書を編纂《へんさん》し、藤原氏が頼りにした持統《じとう》女帝（天武天皇の皇后・鸕野《うの》）を女神・天照大神《あまてらすおおみかみ》に、藤原氏勃興の功労者・藤原不比等《ふひと》を、天孫降臨《てんそんこうりん》の立役者・高皇産霊尊《たかみむすひのみこと》になぞらえ、持統天皇と藤原不比等の血の交わった王家が皇位継承権を持つことを正当化したのだ。

　このように藤原氏は、神話を自家に都合の良いように創作してしまった。本来男性であった天照大神を女神にすり替えたのもそのひとつで、これは持統女帝を、「新たな王朝＝藤原寄りの王家」の始祖に仕立て上げるためであった。つまり、藤原氏は自家の正統性を証明するために、ヤマト建国以来ヤマト朝廷が守り続けてきた宗教観を、根底から覆《くつがえ》してしまったのである。

　三世紀のヤマト朝廷の誕生以来、ヤマトの宗教儀式の中心に存在していたのは古代最大の豪族・物部《もののべ》氏だった。『日本書紀』によれば、初代神武《じんむ》天皇が九州から東征する以前、すでに物部氏の祖・饒速日命《にぎはやひのみこと》はヤマトに君臨していたとあり、物部氏の禅《ぜん》譲《じょう》がなければ、神武天皇はヤマトの王に立てなかったとある。

　このように、物部氏の祖がヤマトの王家であったことを、『日本書紀』はしぶしぶ認めていたことになる。物部氏の勢力は絶大で、王家も物部氏の意向を無視することはできなかった。いわば物部氏はヤマト朝廷の「キングメーカー」的存在だったのであり、またその一方で、物部氏がいわゆる「神道」の中心に位置していたことが重要な意味をもっている。物部系の文書『先代旧事《せんだいくじ》本紀《ほんぎ》』によれば、神武天皇が即位した頃、物部氏の祖・宇《う》摩《ま》志《し》麻治尊《まじのみこと》（可美《うまし》真手命《までのみこと》）は、朝廷の宗教儀式のことごとくを定めたという。

なぜ「東征」してきた神武天皇の王家ではなく、「禅譲」した前王家の一族が、新たな体制の宗教観をつくり上げていったのかといえば、それは、ヤマト建国が『日本書紀』の主張するような、強い王権による征服ではなかったからである。このことは、考古学の指摘からも明らかで、周辺の首長層が寄り集まって完成したのが「ヤマト」であり、王は、首長層の総意のもとに「共立」されたわけである。この点、先述した今谷氏の推理の前提、「天皇の親政は太古から平安時代まで続いていた」というのは、明らかな誤謬《ごびゅう》である。そして、ヤマト建国時の首長層の中心的存在が物部氏であり、だからこそ新たな宗教観を提示することができたわけである。

神道は破壊され鬼は零落した

神道の中心に物部氏がいたという『先代旧事本紀』の記述が物部氏の創作した「舞《ぶ》文《ん》」ではなかったことは、彼らの名「物部」からも証明できる。「物部」の名に含まれる「モノ」は、「鬼」を意味している。ただし、その一方で、「物」には、「神」の意味もあった。

「鬼」であり、「神」であることは、大いなる矛盾である。しかし多神教は、この矛盾の上に成り立っている宗教観にほかならない。すなわち、「物部」の名自体に、「呪《のろ》いと祟《たた》り」にまつわる重要なヒントが秘められているのであり、このあたりの事情を少し説明しておこう。

物部氏の「モノ」には「鬼」の意味があるとしたが、そもそも「鬼」という字は（当然のことながら）中国から輸入された文字である。「鬼」の字の下の部分は「人」、上の部分は死者の顔につけた「面」を表していて、「鬼」は「キ」と読む。

人間には一対の霊「魂（陽）」と「魄《はく》（陰）」が備わり、死後「魂」が天に昇り「神」に、「魄」は地上に残って「鬼」になるというのが中国の発想であった。また、中国の「鬼」にも二面性があって、人間に幸をもたらし、また時に悪さをする存在であった。

日本では「鬼」と書いて「モノ」「シコ」と呼び習わしていたが、平安時代末期になると、「オニ」と訓《よ》むことが一般的となった。なぜ「オニ」なのかといえば、諸説あって定まらないが、鬼の「隠れる」という属性から「オン（隠）→オニ」となったとするのがもっとも有力な説である。

それはともかく、「モノ」は「物」であり、なぜ「物質」の「物」が、鬼とつながってくるのだろう。ここに、日本人の宗教観の本質が隠されている。

たとえば、「物静か」「物足りぬ」といえば、状況の漠然とした背景を意味している。その「漠然とした状況」は、曖昧《あいまい》で具体性がない。だが、確かに存在する背景である。それが何かといえば、日本人がよく口にする「オカゲさま」の「オカゲ」に近い。日本人は挨拶《あいさつ》代わりに「オカゲさまで」というが、誰のオカゲなのかははっきりしない。しかし、「オカゲ」を漢字で書くと「御蔭」であり、原義は「神仏の加護」である。したがって、「物静か」の背景にも、「霊的」な要素が秘められていたと想像がつく。「物」が「精霊《せいれい》」を表している具体例は、「物の怪《もののけ》」であろう。「物の怪」といえば妖《よう》怪《かい》変化の類《たぐい》をいっている。

では、なぜ「物」が「霊」と結びつくのであろう。

縄文時代以来、日本列島の住民は、山、川、草木、路傍《ろぼう》の石、生きとし生けるもの、雷、嵐、すべての現象の中に、「精霊」が宿ると信じていた。これをアニミズムといい、のちの多神教につながっていく。すなわち、「物」と精霊は不可分のつながりを持っていたわけである。

また、大自然は人間に恵みをもたらすとともに、災害や疫病などの災難をもたらす。このため、人智のおよばぬ大きな力を神と見なし、その神には、両面性があると信じた。すなわち、これが「神」と「鬼」の二面性であり、ひとりの神の中に、「和魂《にぎみたま》」

と「荒魂《あらみたま》」というふたつの顔があると信じられたのである。

古代人にとっての神とは、むしろ「鬼」の属性の方が強かった。「さわらぬ神に祟りなし」というように、人々は神の怒りを怖れ、暴れ回ることを必死に押さえようとした。これがのちに祭りとなったのだが、荒々しい神をなだめすかすことで、恵みがもたらされる、という発想である。

たとえば町中を荒々しく神輿《みこし》を振り回して練り歩くのは、一年にいちど、神様の欲求不満を解消してもらうのが本来の目的であった。エネルギーを祭りで発散していただき、荒魂を鎮《しず》めようという「先人の知恵」にほかならない。

そして、ここが大切なことなのだが、「神」と「鬼」の二面性は、一神教的な「善」と「悪」の峻別《しゅんべつ》とは本質的に異なっている、ということである。

一神教における「善＝神」が「悪＝悪魔」とは対極の存在であるのに対し、多神教における神と鬼は、ひとつの現象の表と裏であり、日本人にとっての神は、祟りをもたらす恐ろしい存在であるとともに、恵みをもたらすありがたい存在でもあったのだ。

こうして、「鬼」と書いて「モノ」と読むことの意味ははっきりしてきた。そして「鬼」が「神」と同意語であった理由もはっきりしてくる。だからこそ、「鬼」の一族・物部氏がヤマト朝廷の宗教観を構築することができたわけである。

一神教と多神教の宗教観

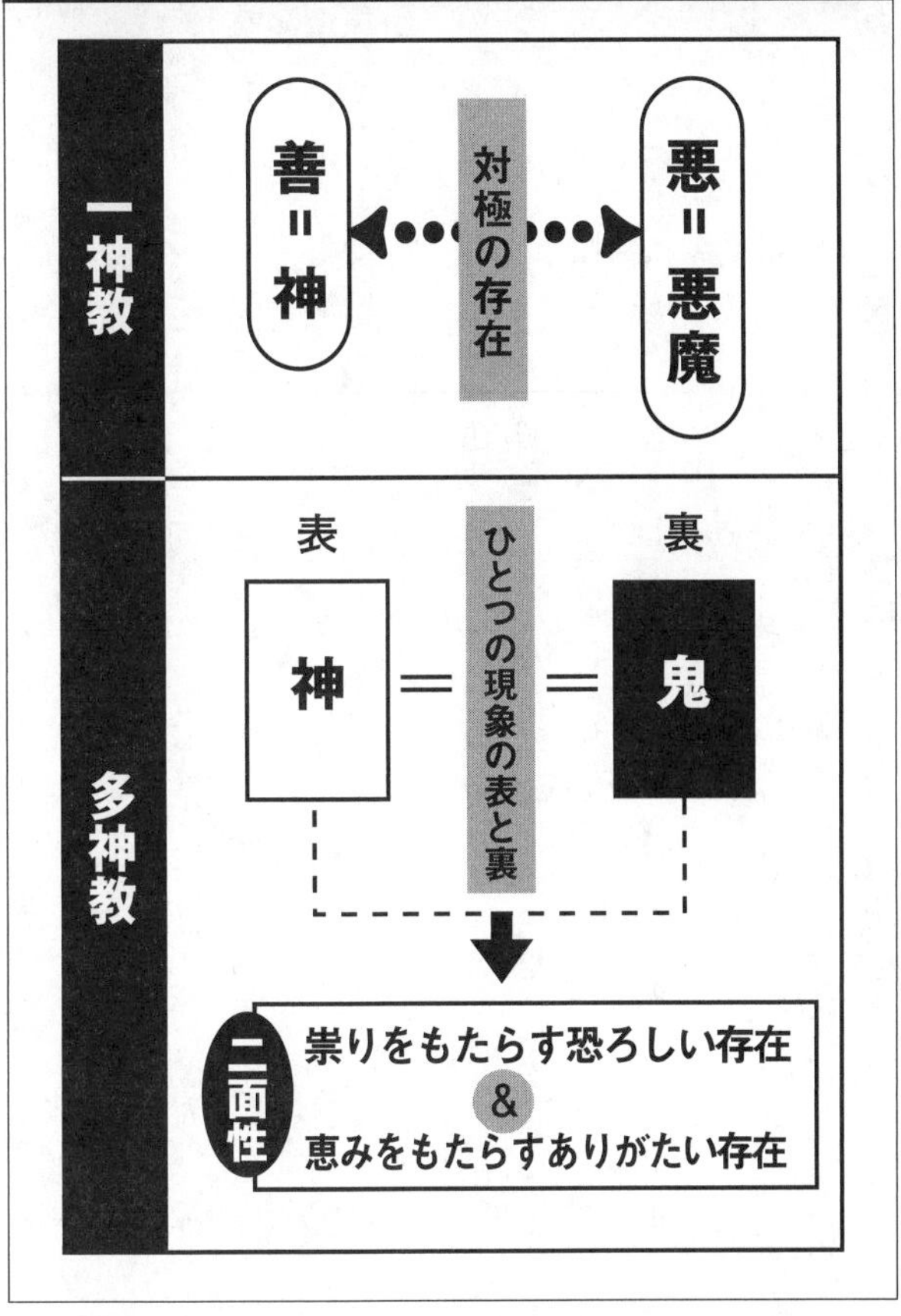

ところが、八世紀に物部氏は没落し、これと並行して、「物＝鬼」は、「悪」のレッテルを貼《は》られてしまう。『日本書紀』は、藤原氏の政敵の祖神を「邪《あ》しき鬼《もの》」と罵《のの》しったのである。

かつて神に仕えていた者たちが鬼と目され、平安時代や中世に「供御人《くごにん》」の流れをくむ」と称されたのは、このような「鬼の零落《れいらく》」と密接な関係にある。

藤原に反発した聖武天皇

中世の無縁の輩・道々の輩が生まれた背景には、物部氏の栄光と挫《ざ》折《せつ》の歴史が大きな意味を持っている。そして大切なことは、八世紀、奈良時代から平安時代にかけて日本を支配した藤原氏の手で物部氏が没落させられた点なのだ。このことがはっきりわからないと、「呪いと祟り」の本質は見えてこない。そこで、物部と藤原の関係について、もう少し触れておかなければならない。

さて、藤原氏繁栄の基礎を築いた藤原不比等の父は中臣鎌足《なかとみのかまたり》で、中臣氏は神道祭祀《さいし》に関わる一族であった。この中臣氏の祖は、『日本書紀』の神話に出現する天児屋《あめのこやね》命《みこと》といわれているが、『先代旧事本紀』には、中臣氏の祖が物部氏の祖の饒速日命と共にヤマトに降臨したと記される。つまり、『先代旧事本紀』に従えば、中臣氏は物部氏に隷属《れいぞく》する弱小豪族であったことになる。

どうやら、中臣氏に関しては、『先代旧事本紀』の記述の方が正しかったようである。中臣氏は神代《かみよ》から七世紀にいたるまで、ほとんど活躍らしい活躍をしていない。『日本書紀』も、物部氏と中臣氏が利害を共有していた氏族であったことを認めている。六世紀から七世紀にかけて、仏教導入を巡り蘇我氏と物部氏は対立し争ったが、中臣氏は物部氏の配下で排仏運動にいそしんでいた。

ところで、物部氏のもとで神道祭祀に関わっていた中臣氏が発展して藤原氏になったという『日本書紀』の記述は疑わしい。

中臣鎌足は歴史に唐突に現れる怪人であった。他の拙著で繰り返し述べてきたように、この人物を百済《くだら》王子・豊璋《ほうしょう》と同一であったと考えることで、古代史の多くの謎《なぞ》が解き明かされる。

ただ、このあたりの事情は、拙著『藤原氏の正体』（新潮文庫）の中で詳しく述べたので、先に進もう。要は、ヤマト朝廷の根底には、物部氏の築いた宗教観があり、これを潰《つぶ》したのが、中臣の家名を奪った藤原氏だった、ということなのである。

物部氏と藤原氏の関係が分かると、天皇と「裏」がつながった原因を突き止めることができる。

太古のヤマトの宗教観を根底から否定した藤原氏は、「中臣神道」という新たな宗教観を提示した。もちろんこの宗教観は、持統女帝から続く「藤原体制」にとって都合のいい宗教観であり、これに反発したのが、物部氏を中心とする旧豪族たちであった。藤原氏にとって誤算だったのは、藤原のやり方に聖武天皇が反抗し、「裏」とつながっていってしまった、ということなのである。

そもそも聖武天皇は藤原不比等の孫で、藤原の傀儡《かいらい》天皇のはずであった。ところが、手段を選ばない藤原氏の手口に辟易《へきえき》した帝《みかど》は、あるときを境に、反藤原の天皇に変身してしまう。律令制度の敵、漂泊する優婆塞《うばそく》（私度僧《しどそう》）らを味方に引き入れ、藤原氏を追いつめていくのである。

聖武天皇と藤原氏の対立は、聖武天皇の娘・称徳《しょうとく》天皇の時代にも引き継がれ、この間、玄昉《げんぼう》や道鏡《どうきょう》といった、物部系の人物群が反骨の天皇に味方していく。藤原氏が物部の「真の神道」を潰してしまったからだ。また、聖武天皇は藤原氏が弾圧した行基《ぎょうき》という怪僧を大抜擢《だいばってき》しているが、行基は、律令制度の矛盾に苦しみ律令制度の枠組みからはみ出した人々を救済していた人物であった。行基のもとに集まった優婆塞たちが、「道々の輩」の原型になっていった可能性が高い。

こうして見てくれば、奈良朝の天皇家と「裏」のつながりが、中世の無縁の民と天皇家のつながりとそっくりであったことに気づかされるはずだ。また、物部氏ら太古の宗教観を担《にな》った人々が藤原氏の台頭で地下に潜り、隠然たる勢力を保ち続けた可能性も否定できないのである。

天皇は呪いと祟りを具現化する者

ところで話はがらりと変わるが、日本の昔話には、しばしば「鬼退治をする子供」＝「童子《どうじ》」が出現する。

なぜ人の手では成敗できない鬼を、童子が平らげてしまうのだろう。

人間は生まれ、死んでいく。幼児、少年、青年、中年、老人となり、あとは朽ち果てる。この間、人間にとっての奇跡は生誕と長寿、そして死である。幼児と老人は、生物にとっての生と死の境界上に位置しているから、神聖視されるようになる。すなわち、幼児と老人は、人間にも備わるふたつの属性・「荒魂」と「和魂」のそれぞれを象徴していたのである。

ここにいう「荒魂」とは要するに「鬼」であり、大人が束になってかかってもかなわない恐ろしい鬼を退治できるのは、童子以外にはいなかったことになる。その証拠に、朝廷に反旗を翻《ひるがえ》した九州の熊曾建《くまそたける》を退治した日本武尊《やまとたけるのみこと》は、童女の姿となって熊曾建をだまし討ちにしている。

ここで大切なことは、朝敵を成敗する者も「鬼」とみなされたことである。

このあたりの事情を、「天皇と鬼」という表現で解き明かして見せたのが、大和岩雄《おおわいわお》氏である。

大和氏は、朝廷から「鬼」の烙印《らくいん》を押されたまつろわぬ者どもが、天皇家と密接に結びついたのではないかとし、『鬼と天皇』（白水社）の中で、そもそも「鬼」とは何か、次のように述べている。

一、天皇に対立する存在、「まつろわぬもの」としての蝦夷《えみし》や酒呑童子《しゅてんどうじ》のような鬼。
二、鬼を討つ側の天皇権力としての鬼。
三、天皇権力の側に居たものが権力から追放されてなる鬼。

の三例がある。

一は権力に対立する鬼で、中心に対して周辺・辺境の存在である。二は権力としての見える鬼である。この権力から追放され、周辺・辺境の存在になった者が、死後、見えない鬼（怨霊）となって二の鬼に祟るのが、三の鬼である。

このように天皇と鬼は、一見、対立的関係にあるようにみえるが、一つの実体の表と裏の関係にある。


古代における「鬼」の意味がわかれば、大和氏のいわんとすることは、すんなり理解できるはずである。

そして、日本史に秘められたこのような「鬼と天皇」のつながりがはっきりしてくると、歴史を支配してきた「裏と表」の原理というものの輪郭が見えてくるのであり、「祟る天皇」の本質も見えてくるはずである。

ここであらためて、「天皇」が、日本人の宗教観を支配する「呪いと祟り」を具現化する「神・鬼」そのものであったことに気づかされるのである。すなわち、天皇に手を触れれば恐ろしい祟りに遭うという幻想は、縄文時代以来引き継がれ、民族の深層心理にしっかりと焼き付けられてきた宗教観（アニミズムや多神教）によって形成されたものであったことがはっきりするのである。

そこで問題となるのは、なぜ「天皇」という存在が、「神・鬼」と同等の存在と見なされるようになったか、ということであろう。

これはおそらく、人為的につくられた幻想ではあるまい。空想の産物は、必ず鍍金《めっき》がはげるときが来る。千数百年にもわたって、われわれの先祖たちは、天皇を怖れ敬ってきたのである。とするならば、天皇が神であり鬼であるという幻想のきっかけは、確かで具体的な何かしらの「大事件」によって生まれ出てきたのではあるまいか。

問題は、その大事件がいったいどのようなものであったのか、ということになろう。

以下、日本の不思議、「呪いと祟り」の王の成り立ちについて考えてみたい。

第1章　祟りや迷信におびえる権力者たち

二回過去を捨てた日本人

近代日本は、二回過去を捨て去っている。初めが明治維新であり、二度目が第二次大戦後のことだ。

明治時代、西洋文明に圧倒された日本のインテリ層は、「日本に歴史はない」と言いだし、福沢諭吉にいたっては、「脱亜入欧」というスローガンを掲げ、西洋文明の啓蒙《けいもう》役を買って出たのである。

この結果、学問といえば西洋の受け売りを意味し、学者は西洋の書物を翻訳することで生計を立ててきたわけである。今日の英語教育が文法と翻訳を中心に行われているのは、このような背景と無縁ではない。西洋偏重という傾向は、児童の教育現場にも波及している。

卑近なところで言えば、学校教育で、これまで和楽がまったく顧みられず、西洋音楽にあらずんば音楽にあらず、という「常識」が罷《まか》り通ってきた。近年にいたり、教育内容が変わり、ようやく和楽器が学校教育に組みこまれるようになったが、和楽器を演奏する子供たちを見て、あらためて日本の教育の偏《かたよ》りを思い知らされるにいたった。

ただし、明治政府は西洋文明を積極的に取り込み富国強兵を推し進める一方で、日本人のアイデンティティの揺らぎを、「王政復古」という荒技で克服しようとした。ここにいう「王政復古」は、純粋な古代天皇制への復古ではなく、実際には西洋的で一神教的な天皇への変貌《へんぼう》であった。

歴史的に見て多神教社会は一神教社会よりも脆弱《ぜいじゃく》である。万物との共存を基調とする多神教は、概して好戦的ではない。これに対し唯一《ゆいいつ》絶対の正義を持ち合わせる一神教は、「異教徒」に対し自らの侵略行為を「神」の名で正当化するから、残虐《ざんぎゃく》性はエスカレートする。したがって、一神教に呑《の》みこまれそうになった社会は、多くの場合、多神教を捨て、一神教社会へと変貌《へんぼう》していく例が多い。大局的に見れば日本の近代も、多神教との決別を模索したわけである。

しかし、急激な変化は多くの問題を残した。たとえば、学校教育の中で、天孫降臨《てんそんこうりん》や神武《じんむ》東征以来、天皇家が神の子として日本を支配してきたという歴史観が罷り通った。天皇を西洋社会の掲げるキリスト教の神と同様、唯一絶対の神に祭り上げようとしたわけだ。また、陸軍を中心とする軍部が、統帥《とうすい》権を都合のいい解釈で悪用し、「皇軍」の暴走を止めることができなくなったわけである。

このような極端な政策をとらざるを得なかったのは、もちろん西洋列強の植民地支配からいかに逃れることができるのか、その模索の挙げ句の苦肉の策と言えよう。また、明治政府が錦《にしき》の御旗《みはた》を掲げて徳川幕府を倒したことも、大きな意味を持っていたかもしれない。京都の朝廷でくすぶっていた藤原氏を中心とする「貴族」たちが、天皇を旗印に新政府に乗り込んできたのである。

確かに、日本はアジアで唯一植民地化を免れた国だ。この点、近代化政策は間違っていなかったのかもしれない。しかし代償は大きかった。敗戦後、日本は再び歴史を捨てるからである。

戦後のインテリ層は、連合国が押しつけた「すべての責任は日本にある」という歴史観に「迎合」し、過去の日本を拒絶してしまった。このため、神話は八世紀の朝廷が天皇家の正統性・正当性を述べるためにしつらえた「物語」にすぎないとする「進歩的史観」が横行し、「神話」は学校の歴史の教科書からきれいさっぱり排除されてしまったのである。

文部省が音頭を取った「迷信」の排除

戦後に捨てられたのは、「神話」だけではない。「迷信」も根絶しようという発想が芽生えていく。

終戦後間もない昭和二十一年、「文化国家建設を標ぼうしつつある日本に、どんな迷信が、どの程度に、どのようなあり方で行われているか、その調査」が文部省の手で行われた。そしてその報告書が、昭和二十四年にまとめられた『日本の俗信1　迷信の実態』(迷信調査協議会編　洞史社)である。

そのまえがきで、文部省科学教育局長は、次のように語っている。

本省科学教育局科学資料課は文化日本建設の基礎的条件として国民生活の科学化が、まず取りあげられなければならないこと、しかも日本人は古来伝統を重んずる気風を特色とするとともに、その半面因《よ》って来る迷信的傾向が頗《すこぶ》る強く、それが生活の精神的基盤とさえなって、国民生活の科学化は大きな障壁の前に立っていることに留意し、迷信の現状、蔓延《まんえん》状況及びその穏健合理的な払拭《ふっしょく》方法発見の基礎資料を得るためそれに関する調査を行うことを企画した。

すなわち、野蛮なこれまでの俗信・迷信を排除し、科学的で文化的な生活を始めよう、というのである。

そうならなければならない理由を、まえがきの冒頭で、文部省に寄せられた、ある地方の一主婦からの手紙を例に出して説明している。

そこには、次のようにある。

私は大変迷信に苦しめられています（中略）。私が理屈に合わないと思って、正しいことをしようとすると、周囲から馬鹿者扱いにされ、家の平和を乱し、土地の人人の反逆者と扱われるのです。私は学校で教わった数学や物理、化学などによって出来るだけ物を理論的に判断し、出来るだけ合理的な生活をしてゆきたいと心から思うのです。（中略）迷信的なことの押しつけだけは是非やめて欲しいのです。

もっともな意見である。ただこのような手紙を大真面目《おおまじめ》に取り上げているところに、役人の迷信排除のための執念の強さを感じてしまうのである。

この当時、日本人の精神状態は、現実逃避に走っていたように思えてならない。忌《い》まわしい戦争の責任者は誰だったのか、それを見つけ出し、血祭りにし、民衆は被害者だったという妄想《もうそう》をつくり上げようとしていたのだ。

そして敗戦は、戦前の非合理的な精神が原因であったと信じ込んだ。合理主義のアメリカに徹底的に負けた理由もこれですっきりとする。

アメリカの唱える合理主義こそが正しかったのであり、過去の日本の古い因習、風習を潰《つぶ》すことこそが、新たな正義であると叫び始めたのである。それはまるで、進駐軍のご機嫌をとるかのようで、実に醜悪《しゅうあく》な姿ではあるまいか。

役人だけではなく、マスコミもみな同じである。戦前の軍部に抵抗らしい抵抗もしないで戦争を賛美し続けた大新聞も、敗戦を境に豹変《ひょうへん》した。軍国思想を大いに喧伝《けんでん》した文部省も、手のひらを返したように、日本の俗信は恥だと叫び始めたのである。

ついでまでに言っておくと、戦前、戦争を賛美しない新聞は、人気がなく売れなかった。当初軍部に批判的だった朝日新聞も、売り上げを維持する必要に迫られて、戦争賛美に転向していったといわれている。軍部の弾圧が厳しくなったから、というわけではなかったのである。

マスコミもだらしなければ、戦争に向かって突き進んでおきながら、ひとたび夢から覚めれば、「お上にだまされた」と開き直るこの国民性にも問題がある。

西洋的＝文化的という発想

それはともかく、文部省の思惑通り、日本人の豹変ぶりは徹底していた。日本的なもの、古い因習、習慣・文化はすべて非科学的と、次々に排除されていったのである。たとえば、日本人の愚かさを象徴するのが、「文化住宅」である。これはすでに大正時代から存在したが、何が「文化的」なのかといえば、内装や外観の中に、西洋的要素を組みこんだ住宅を意味していた。西洋的建築物は「文化的」で、和風の家屋は「野蛮・古い」という発想である。

どなたが書かれたかは忘れたが（おそらく考古学者だったのではないか）、次のような主旨の話を読んだことがある。すなわち、戦後、日本の家は紙と木でできていると欧米人に揶揄《やゆ》され、恥ずかしく思っていたが、いまになって思うと、気候風土にあっているのだから、紙と木の家はむしろ誇るべき文化ではないか、というのである。

かつてテレビで観《み》て記憶に残っているのは、三匹の子豚の兄弟が家を建てる話だ。長男は藁《わら》で、次男は木で、しっかり者の末っ子は煉瓦《れんが》で建てた。ところが狼《おおかみ》がやってきて、ふたりの兄は、家を壊され、弟の家に駆け込んだ、という話である。

どういう目的を持ってつくられた話かは知らぬが、子供ながらに強い印象を受け、「煉瓦の家」に対する憧憬《どうけい》、「藁や木の家」に対する偏見は、みごとに焼き付けられた。

京都や奈良の古い町並みがあっという間に消えて行っている。かつて奈良の知り合いが、旧家の不便さを切々と語り、挙げ句の果てに、「きれいなプレハブ住宅に住んでみたい」ともらしていたのにはびっくりした。

日本家屋は日本の伝統に裏打ちされた、「合理的」な建築だ。その秀逸な機能と美しさを、戦後の「洗脳」が見失わせたのであり、文部省の思惑はみごとに達成されたわけである。

「呪《のろ》いと祟《たた》り」の「受難」も始まっている。

先述した「地方の一主婦」は、次のようにも書いている。

姑《しゅうとめ》は私の子供が病気にかかったときなど、お医者よりも祈禱《きとう》へと強制し「物干竿《ものほしざお》に洗濯物を干すとき、もとからさして、もとから抜け」（中略）とか、何から何まで私にとっては納得のゆかない古い習慣、迷信の規則ずくめで、教え、しばり（後略）

笑うに笑えぬ訴えで、誇張も入っているように思えるが、このように、かつて病気は、呪いか祟りによって起きると信じられていたことは確かである。これに代わって、西洋医学が近代日本で発達した。だからこそ日本人の寿命も延びた。しかし、「迷信」を捨てさり、多神教的発想を唾棄《だき》すべきものと斬《き》りすてた日本人は、新たな信仰を、西洋医学に求めたとは言えないだろうか。そして、「病的」な健康志向も、根っこは同じである。人間は死んだら「無」になるという「信仰」が、健康食品売り場を繁盛させ、喫煙家に対し、過剰なほどの攻撃性を見せるにいたった。

呪いと祟りの宗教観の基層を形づくった修験道《しゆげんどう》

ところで、神社仏閣に参拝すると、寺院で柏手《かしわで》を打つ若者をときどき見かける。だがこれを「無教養」と叱責《しっせき》することはできない。日本では長い間、仏教と神道が混同されていたからだ。僧形《そうぎょう》の神官が八百万《やおよろず》の神にお経をあげて祀《まつ》るということが、なんの疑問も持たれずに行われていたのである（これを神仏習合という）。

これに対し明治政府は、明治初年（一八六八）、それまでの曖昧《あいまい》な宗教観を清算し、神道と仏教を明確に切り離すという政策を打ち出している。これが神仏分離で、もちろんその目的は、「神道」によって国民を束ね、天皇を頂点にした新たな体制を築くためであった。

宮中に祀られていた仏像や仏具も、すべて京都の天皇家の菩提寺《ぼだいじ》・泉涌寺《せんにゅうじ》に送られ、各地の神社仏閣ではそれまで共存し融合していた神道・仏教の施設が分離させられ、また、仏教施設は、破壊されるなどの被害を受けた。法隆寺や興福寺《こうふくじ》といった日本を代表する古刹《こさつ》でさえも窮乏し、興福寺の五重塔は危うく銭湯の薪にされかかったし、多くの神宮寺《じんぐうじ》が破壊され、伽藍《がらん》は野原になった。いわゆる廃仏毀釈《はいぶつきしゃく》という運動がこれである。長い時間をかけて醸《かも》し出されてきた民族の宗教観が、にわか造りの政策によって、断絶された瞬間である。

ところで、この神仏分離政策によってもっとも被害を受けたのが、「修験道」だったことは、あまり知られていない。奈良時代から平安時代にかけて、「神仏習合」という日本的な宗教観が編み出された背景には、修験者の活躍があった。修験者が築き上げ民衆に浸透していた猥雑《わいざつ》な宗教観を、明治政府は嫌ったのだ。明治五年（一八七二）には修験道禁止令が出され、修験者（山伏《やまぶし》）は無理矢理、天台宗や真言宗に吸収されたのである。

もちろん、「天皇」を西洋的で一神教的な神に仕立て上げるためには、迷信に満ちあふれた修験道を排除する必要があったのだろう。

とはいっても、明治政府の目論見《もくろみ》が必ずしも成功したとはいえなかった。先述した敗戦後の「地方の一主婦」の訴えを見ればはっきりする。病気をお祓《はら》いによって治そうという信仰は、まさに修験道のそれであり、戦後の民間信仰から、修験道的な習俗が消えることはなかった。「修験道」という明確な自覚がなくとも、根っこにあるのは修験道であり、また、修験道とは、そういう形のない、とらえ所のない宗教ということができるかも知れない。

こうして見てくれば、明治政府も戦後の文部省も、「修験道的な民族宗教」の排斥を目論んでいたと読みとることができる。日本人の「迷信」のほとんどは、修験者たちによって広められ、語り継がれてきたといっても過言ではないからである。

つまり、修験道は「呪いと祟り」の宗教であり、近代化の弊害になると考えられたに違いないのだ。

また、西洋の学問にかぶれていたインテリ層にしても、迷信に満ちた修験道の存在自体、日本の恥、という意識があったのだろう。その証拠に、いまだに学校の歴史の授業では、修験道は正しく教えられていない（というよりも、ほとんど無視されている）。学校で教わる日本の宗教といえば、「神道」や「仏教」で、いかにももっともらしい宗教観に聞こえるが、実態はといえば、仏教も「呪いと祟りの修験道」に取り込まれ

神仏分離政策をとった明治政府の狙い

明治政府

天皇を頂点とした新体制作り

↓

廃仏毀釈

神道と仏教の融合の破壊

神道による支配体制の確立

修験道的民族宗教の排斥

ていったのだ。このようなことは、学校では教えてくれない。これでは歴史の裏側を読み解くことはできず、勉強が嫌いになる子が増えるだけの話である。

また、「奈良時代に国家的な規模で仏教が広められ、それが民衆の手に渡ったのが、鎌倉仏教」という単純な図式を教わっているから、日本とは何なのかを問われても、なにも答えられないという情けない話に終わってしまうのである。この点ものちに触れるが、奈良仏教も鎌倉仏教も、修験道抜きには語ることができず、その後の日本の民族宗教の中心にあったのも、修験道なのである。

つまり、「呪いと祟りの修験道」を知ることこそが、日本の正体を解き明かす鍵《かぎ》なのであり、近代日本が修験道の広めた俗信を恥じたがために、日本人の宗教観を根本から破壊する結果を招いたのである。日本人がアイデンティティを喪失してしまった原因は、まさにここにある。

ところで、「権力者と修験道の闘争」は、近代に限った問題ではなかった。歴史的背景を探っていくと、権力者と修験者の確執は、むしろ歴史の必然であったかのようなところがある。「呪い祟る修験道」は、いつの時代にも、権力者には邪魔な存在であり続けたからである。修験道はいくつもの「迷信」に塗り固められているとしても、その基層には、権力者に対するレジスタンスという要素を秘めていたわけで、だからこそ民衆に支持され続けてきたのである。

また、権力者にとっても、修験道を完璧《かんぺき》に潰すことはできなかった。恐ろしい祟りを調伏《ちょうぶく》できるのは修験者なのであって、彼らを失えば、身辺に何が起きるかわかったものではなかった（と信じられていた）。もちろん、修験者はこのことを承知のうえで、自由闊達《かったつ》な活動を展開していたわけである。

そういうしたたかさをもった宗教が、修験道でもあった。

このように、「呪いと祟り」を考えるうえで、修験道は避けて通れないのである。

また問題は、ある時期から天皇家と修験者が手を組んでいた疑いがあって、「祟る王」を支えたのが修験道であった可能性も捨てきれないことだ。

ここに修験道をめぐる根の深い問題が隠されていることに気づかされるのである。

権力者を嘲笑《あざわら》う修験道

それでは、修験道とはいったいどのような宗教観なのであろう。なぜこのような宗教が、日本で広まったというのだろう。

修験道の開祖は役小角《えんのおづぬ》（役行者《えんのぎょうじゃ》・生没年不詳）とされている。

役小角は数多《あまた》の伝説に彩《いろど》られた摩訶不思議《まかふしぎ》な人物である。平安時代に記された仏教説話集『日本霊異記《にほんりょういき》』によれば、役小角は加茂《かも》役公《えのきみ》（高賀茂朝臣《たかかものあそん》）の出身で、ヤマトの葛城上郡茅原郷《かつらぎのかみのこおりちはらのさと》で生まれたとある。生まれながらに才能があったようで、三宝《さんぼう》（仏教）を信奉し、夜な夜な雲に乗って大空を飛び回ったという。四十歳になった頃岩窟《がんくつ》に閉じ籠《こ》もり、葛を箸《はし》に松を食し修行を重ね、孔雀呪法《くじゃくじゅほう》（雑密呪法《ぞうみつじゅほう》）を体得した。伊豆（静岡県）に流されたのちも、自在に富士山を飛び回り、大宝元年（七〇一）に仙人になって昇天したという。

このような伝説が残ると、かえって実在性が危ぶまれるが、朝廷の正史『続日本紀《しょくにほんぎ》』は役小角の具体的な姿を記録している。

『続日本紀』文武《もんむ》天皇三年（六九九）五月の条には、役小角が伊豆に流されたときの記事として、次のように記す。

初《はじ》め小角《おづの》、葛木山《かづらきのやま》に住みて、呪術《じゅじゅつ》を以《もち》て称《ほ》めらる

つまり、当初役小角は呪術に秀《ひい》でていたため朝廷に褒め称《たた》えられていたというのだ。

壬申《じんしん》の乱の直前、吉野に逃れた大海人皇子《おおあまのみこ》（のちの天武《てんむ》天皇）を役小角が守った、と

いう伝承が残り、一時期、役小角は朝廷に重く用いられたようだ。ところが、役小角は自らの能力を邪悪なことに使い、民衆を惑わしたと讒言《ざんげん》を受け、伊豆に流されたというのである。

この一節から読み取れるのは、朝廷側の役小角に対する評価が逆転した事実である。伝承などを総合すれば、おそらく天武天皇の時代に見出《みいだ》され抜擢《ばってき》された役小角は、天武天皇の崩御《ほうぎょ》ののち、朝廷から追放されたのだろう。

では、なぜ役小角は初め誉《ほ》められ、のちに危険視されるようになったのだろう。ここに、修験道の秘密が隠されている。

問題は、役小角が文武三年に捕らえられていることにある。このとき、藤原不比等《ふひと》が権力の座に登りつめようとしていた。藤原不比等の台頭によって、役小角は冷や飯を食わされたことになる。

藤原不比等の父は中臣鎌足《なかとみのかまたり》で、この人物は壬申の乱の直前、大海人皇子ではなく大友皇子の即位を願っていたから、天武天皇と藤原不比等の利害は反目する。すなわち、役小角の命運は、壬申の乱の勝者と敗者の間で翻弄《ほんろう》されたのである。

そして、こののち藤原氏が日本最大の権力者に成長していくことが、重要な意味を持ってくる。藤原氏は律令制度を完成させ、律令（刑法と行政法）を利用することで政権を維持していくのだが、ここで役行者の蒔《ま》いた種が「律令国家」の邪魔になっていくのである。

「法」というものは、法を作り運用していく者の見方によって、どのようにでも解釈が可能となる。藤原不比等はこのことを熟知していたようで、律令制度の中に、いろいろと曖昧な表現を残しておいた気配がある。不比等の末裔《まつえい》・藤原氏は、この法の不備を悪用し、国家のための法を、自家のための法にすり替えた。

天皇を傀儡《かいらい》にし、法をわがものにしたのだから、藤原氏に恐《こわ》いものはなかった。唯《ゆい》一《いつ》の難敵が、修験道である。

役小角の築いた修験道は、藤原のつくった「法」を嘲笑い、無法者集団を形成していき、奈良時代の行基らが、葛城や吉野の山で起こった修験道の系譜を引いていく。

すでに触れたように、律令制度の基本は土地制度で、人々が土地に定着し、一定の税を払うことで維持される。ところが、重い税、度重なる労役に耐えかねた百姓たちは、土地を手放し、漂泊した。奈良時代の行基は、彼らを優婆塞《うばそく》として受け入れ、組織を拡大していった。

ちなみに、優婆塞は私度僧《しどそう》で、国家の認証を受けずに勝手に僧形《そうぎょう》になった者たちだ。仏教徒ということになるが、実際には、日本古来の信仰と仏教が混じり合った形の猥雑な宗教観を形成していた。この点、優婆塞は修験者に近い。優婆塞は山に逃れ、山で呪験力《じゅげんりょく》を獲得し、行基らは国家の庇護《ひご》を受けずむしろ弾圧され、その一方で、彼らの宗教観が地の底から湧《わ》きあがるようにして誕生した。ここに修験道との接点を見出すことができる。要するに、優婆塞も修験者も、根っこは同じである。

優婆塞が増殖すれば、各地の田畑は荒廃する。自然、国家が収容する税は、目減りしていくことになる。すなわち、優婆塞は国家（この場合、藤原権力といった方が正確であろう）の敵となり、これを放置すれば、律令制度の根幹を揺るがすことになりかねない。律令国家が修験道を潰《つぶ》しにかかった端緒が、ここにある。

藤原氏は太古の信仰を潰し中臣神道を創作した

しかし、修験道の秘密は、さらに奥が深い。

藤原氏が修験道を忌《い》み嫌ったもうひとつの理由は、修験者が「太古の日本の亡霊」となり、藤原氏を脅《おびや》かし続けたからである。

八世紀、ヤマトの神道の中心にあった物部《もののべ》氏を没落させた藤原氏は、それまでの宗教観を塗り替え、自らの政権に都合のいい「中臣神道」を創作した。平安時代、『古《こ》語拾遺《ごしゅうい》』を記した斎部広成《いんべのひろなり》は、そのような藤原氏の姿勢を糾弾している。「中臣氏（要するに藤原氏）」が勝手に祝詞《のりと》を書きかえるなど、横暴が目に余ると憤慨しているのは、藤原氏が神道をすり替えたからである。

一方物部氏ら、敗れ去った者たちは野に逃れ、ある者は山に潜伏し、藤原政権を呪《のろ》っていく。藤原氏が権力を握り維持する過程で、物部氏のみならず、多くの者どもが犠牲になっていった。藤原氏の手口は卑劣で、多くの恨みを買っていったのである。

藤原に反感を抱く者たちの多くは、「太古の信仰」を持ち続けたもので、彼らが修験道の担《にな》い手になっていったところに話の妙がある。

修験道は、神道、仏教、陰陽五行《いんようごぎょう》など、ありとあらゆる宗教観を習合して成り立った猥雑な宗教だったため、非日本的な宗教観とみなされてきた。しかし、振り返って見れば、三〜四世紀、ヤマト朝廷誕生とともにヤマトの宗教観が確立されたとき、その「神道の原型」でさえも、縄文時代以来引き継がれた民族宗教であるとともに、あらゆる宗教観を取り混ぜた雑多な信仰形式だったのだ。したがって、修験道の猥雑さは、むしろ日本的で多神教的な宗教観念を象徴していたことになる。多神教にとって、仏陀《ぶっだ》は八百万《やおよろず》の神々のもう一柱の神にすぎなかったのである。この点、むしろ、猥雑な修験道こそが、日本的な宗教の継承者であったと言い直すことも可能だ。

ではなぜ、日本的な宗教観が、朝廷から嫌われていくことになってしまったのだろう。それは、権力を握る過程で藤原氏が多くの者どもの血を吸い、その結果、藤原氏が「祟《たた》られる者」になっていったところに原因があった。

祟りにおびえた権力者・藤原氏

藤原氏が祟りの恐怖を味わった最初の例は、藤原不比等の父・中臣鎌足である。天智八年（六六九）冬十月に中臣鎌足は死ぬ。その直前の秋、『日本書紀』には次のような記事が載る。

藤原《ふぢはらの》内大臣《うちつまへつきみ》の家《いへ》に霹礰《かむとけ》せり

すなわち、中臣鎌足の館に落雷があった、というのである。政局には何ら関わりのない落雷記事を『日本書紀』編者が重視したのは、落雷が古来、祟りの証《あかし》と信じられていたからだろう。

これまでの古代史の常識を信じるならば、中臣鎌足が祟りに遭うことなど思いもよらない。しかし、他の拙著の中で触れたように、中臣鎌足が主導した乙巳《いっし》の変（大化改新）の蘇我入鹿《そがのいるか》暗殺に、正義はなかった疑いが強いのである。すなわち、罪なくして殺された蘇我入鹿が、中臣鎌足を恨み、雷神となって出現し、中臣鎌足が天寿を全《まっと》うできなかった可能性は高い。少なくとも、『日本書紀』の編者はそう感じ取っていたからこそ、本来無用な落雷記事を特記したに違いないのだ。

このものちも、藤原氏は祟りを恐れ続けた。

藤原不比等の娘で聖武天皇の皇后となった光明子《こうみようし》は、悲田院《ひでんいん》や施薬院《せやくいん》を設け、貧しい人々や病に苦しむ人々に善行を施した。光明子はこうしておいて、「積善《せきぜん》の藤家《とうけ》」すなわち、「善行を積む藤原氏」を強調した。

これはたんなる美談ではない。光明子のいう「善行」とは、要するに祟りに怯《おび》え、恨みを背負い地獄に堕《お》ちることを怖《おそ》れたことの裏返しにすぎない。というのも、光明子の時代、藤原氏は祟りにおびえ続けているからである。その証拠に、光明子が藤原不比等邸の跡地に建てた寺の名は、「法華滅罪之寺《ほっけめつざいのてら》」で（奈良市の法華寺）、藤原氏の「罪滅ぼし」を目的とする寺であることが表明されている。

このあたりの事情については、前著『藤原氏の正体』（新潮文庫）の中で詳述しているので、簡単に触れておこう。

藤原氏を恐怖のどん底に突き落としたのは、藤原不比等の没後藤原氏の天下を築き上げた四人の子、武智麻呂《むちまろ》、房前《ふささき》、宇合《うまかい》、麻呂《まろ》が、天然痘《てんねんとう》に冒され、ほぼ同時に死んでしまったからだ。理由を詮索《せんさく》する必要もなかった。みな誰もが、「長屋王《ながやおう》の祟り」を直感したのである。

長屋王は、藤原不比等が権力の頂点に登りつめようとしたときに反藤原派の皇族として台頭した人物である。不比等亡《な》き後、朝堂のトップに立ち、藤原四兄弟の横暴を阻止しようと抗《あらが》ったから、当然藤原四兄弟は、長屋王を抹殺《まっさつ》しにかかった。「左道《さどう》（よくないこと程度の意味）」を学んだという理由で、長屋王の一族は、藤原氏に滅ぼされたのである。天平《てんぴょう》元年（七二九）二月のことであった。

その翌年の六月には朝廷の神祇官《じんぎかん》の役所に落雷があり、あわてた朝廷は占いをしたうえで、諸国に祭祀《さいし》を命じた。これがたんなる落雷記事ではないことは、落雷直後の朝廷の動揺ぶりを見ても明らかだ。ちなみに光明子が施薬院を設けたのが、この年の四月のことであった。

だが、これは長屋王の祟りの前兆にすぎなかったのだ。天平九年（七三七）、九州で始まった天然痘の流行は、ついに平城京を襲い、わが世の春を謳歌《おうか》していた藤原四兄弟を呑《の》みこんでしまったのである。

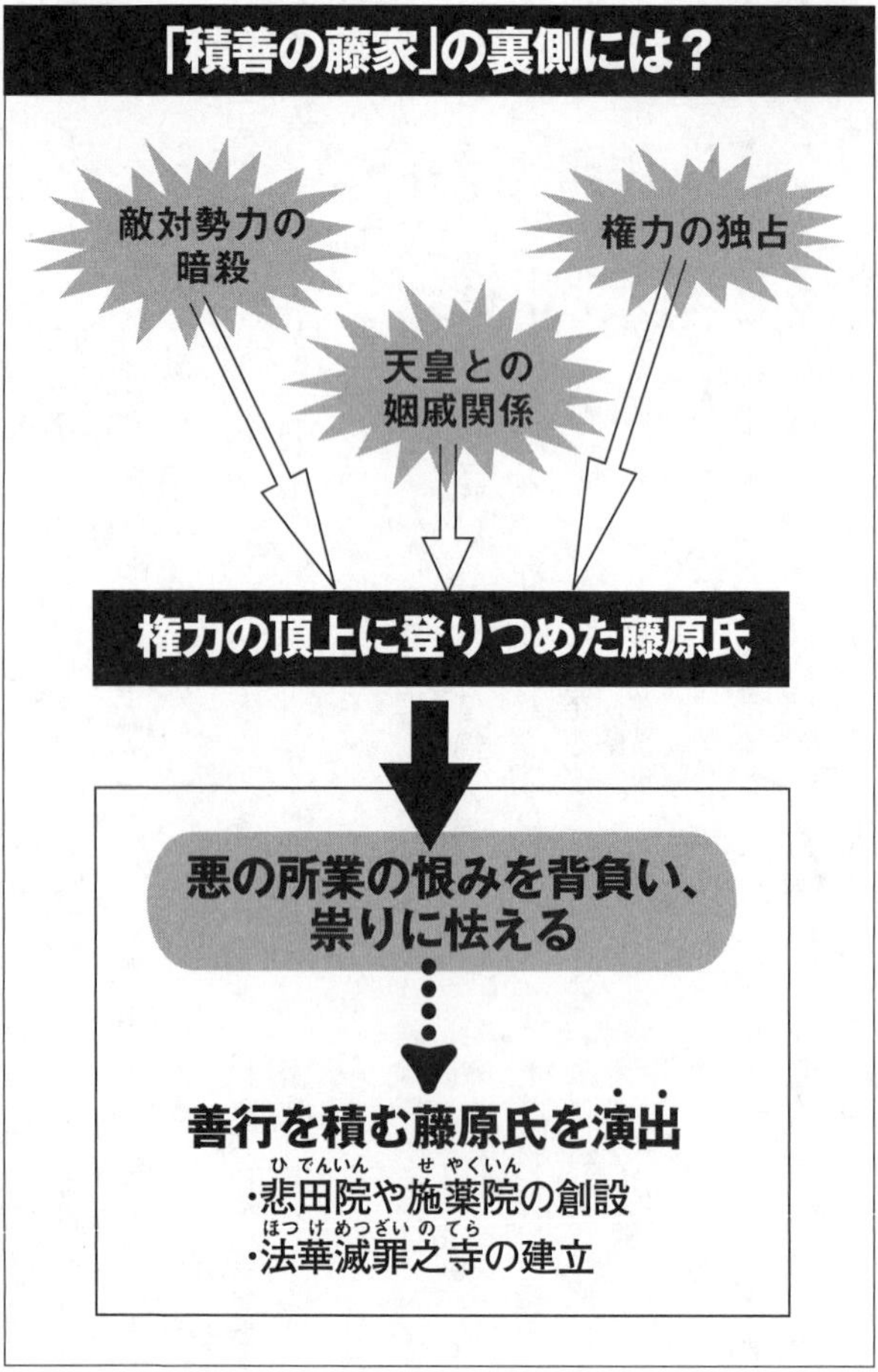
「積善の藤家」の裏側には？
敵対勢力の暗殺
天皇との姻戚関係
権力の独占
権力の頂上に登りつめた藤原氏
悪の所業の恨みを背負い、崇りに怯える
善行を積む藤原氏を演出
・悲田院《ひでんいん》や施薬院《せやくいん》の創設
・法華滅罪之寺《ほっけめつざいのてら》の建立

藤原の天下を支えていた四兄弟が一度に滅亡したのである。藤原一族の祟りに対する恐怖心は、ここで強烈に焼き付けられたはずである。

祟る鬼・調伏する鬼

こののち藤原氏は、紆余《うよ》曲折を経て、再び朝堂を独占するにいたる。しかしその過程で、藤原氏はまたしても多くの豪族層の恨みを買うことになる。

藤原氏は、言うことを聞かなくなった天武系の王統を潰し、天智系の光仁《こうにん》天皇を立てた。そしてこの天皇の子が、平安遷都《せんと》を行う桓武《かんむ》天皇である。

桓武天皇が平安京遷都を急いだ理由は、政治に強い影響力をもった奈良仏教界から逃避したかったというのが一般的な解釈だ。しかし実際には、奈良にうごめく魑魅《ちみ》魍魎《もうりょう》や祟りの恐怖から逃れたかったからにほかなるまい。

ただ、桓武天皇とこれをとりまく藤原氏の思惑は、けっして成功したとは言いきれない。というのも、平安京造都の直前、長岡京がつくられたが、ここでトラブルが発生し、桓武天皇は弟で皇太子の早良《さわら》親王《しんのう》を淡路《あわじ》に流すが、早良親王は、桓武天皇を恨み、抗議の断食によって絶命してしまったのだ。

　こののち、桓武天皇の身内が次々に変死し、早良親王の祟りが取《と》り沙汰《ざた》され、朝廷は早良親王に「崇道天皇《すどうてんのう》」の諡号《しごう》を追贈し、手篤《てあつ》く祀《まつ》ったのである。

　呪われた平城京から逃れ、長岡京は安寧の地になるはずであった。ところが、早良親王の祟りで、最初からつまずいた形となった。さらに、平安京遷都ののち菅原道真《すがわらのみちざね》の怨霊《おんりょう》が都を恐怖のどん底に突き落とし、祟り神を祀る御霊《ごりょう》信仰が発展していく。藤原氏を中心とする貴族社会は、結局呪いや祟りから逃れることはできなかったのである。

　こうして、政敵を次々に滅ぼしようやく安住の地を見つけたと思い込んでいた藤原氏の関心事は、恐ろしい祟りをいかに鎮《しず》めることができるかに移っていくのである。そして、ここで、修験道が多大な影響力をもって都に現れることになる。

　祟る神は鬼である。その鬼を退治できるのは、昔話の中では童子ということになる。では、現実には誰が退治してくれるというのか。

　答えは意外に簡単であった。祟る鬼のように恐ろしい鬼をあてがうことである。すなわち、「鬼を退治する鬼」こそが、人の寄りつかない闇＝山の奥から現れきたった修験者《しゅげんじゃ》たちなのであった。

　修験者たちは、もとをただせば権力者を忌避し、山にこもった反骨の優婆塞である。

しかし、「鬼を調伏《ちょうぶく》して見せましょう」と権力者に持ちかけることで、裏から政権を揺さぶれるだけの力を勝ち取っていくのである。これは、竹下登が右翼の誉め殺しに合い、これを黙らせるために「裏」の人脈を使ったことと似ている。

神仏分離の本当の標的

ここに日本の「表と裏」の歴史が始まるのである。網野氏のいうところの「無縁の民」「道々の輩」の原型は修験者であり、彼らは山から現れ、恐ろしい鬼を調伏してくれる鬼となっていった。もちろん、彼らは権力者にただ単にすり寄っていったのではない。縄文時代から物部氏を経て受け継がれた日本的な宗教観を持ち合わせ、反骨の精神を忘れてはいなかった。「主」をもたず漂泊し、ただ唯一天皇家にのみ柔順だったのは、藤原権力に対抗するためであり、そのためには、天皇という聖域を利用する必要があったのだろう。

藤原権力に利用されていただけの「天皇」の側にしても、「裏＝修験道」とつながることで、藤原という俗権力と対等に渡り合っていこうとする野望に目覚めたわけである。

　ここであらためて指摘しておかなくてはならないのは、われわれが信じてやまない「日本人の宗教観＝神道」が、近代にいたるまで、純粋な形で守られていたわけではなかった、ということである。すなわち、明治政府が神仏分離政策をとらざるを得なかったのは、たとえば、仏教寺院をともなわない「単体としての神社」なるものがごくまれにしか存在しなかったことの裏返しであり、「神道」という実態そのものが、存在しなかったことを意味している。その証拠に、日本各地の神社の中で、稲荷神社と八幡神社のふたつの神社の数が他を圧倒しているが、どちらも神仏習合の象徴的な神社であり、祭神は両方とも、「仏」として祀られているのである。

　なぜこのような現象が起きてしまったのかといえば、第一に、八世紀以降の「神道」が、藤原氏によるにわか造りの「張りぼて神道（中臣神道）」だったからにほかならない。民衆は、鬼を退治することも悪霊を調伏することもできない、ただの権力維持装置にすぎない中臣神道に、嫌気がさしていたのだろう。事実、権力者自身が、祟り神退治を、修験者に頼り切っていたのである。とするならば、民衆が中臣神道をありがたがるわけもなかった。この民衆の中臣神道に対する不信感を巧みに利用したのが修験道であり、藤原氏の押しつける「中臣神道」を嘲笑《あざわら》うかのように、あらゆる宗教をごちゃ混ぜにした「山の宗教」を布教してまわったのである。

修験道の影響力の強さは、意外なところにも現れている。たとえば、日本人の姓に「鈴木」が多いのは、修験道のメッカ・熊野三山の神官として名高い紀伊国（和歌山県）の鈴木一族が平安時代から鎌倉時代にかけて、各地に移り住むようになったからだとされている。明治時代の初め、多くの人々が「姓」を名乗るようになった段階で、熊野修験の末裔《まつえい》が、人々に「鈴木」の名を広めていった可能性も高い。ちなみに鈴木氏の先祖は、物部同族の穂積《ほづみ》氏であった。鈴木氏の拡散と繁栄は、熊野修験道がいかに民間に浸透していたかの証である。

このように、修験者は山に修行し里に現れ漂泊する鬼となり、人々に恵みをもたらす福の神ともなっていった。修験道こそが、呪いと祟りの宗教である。祟りをもたらし、祟りを調伏する、不思議な宗教であった。そして、日本人の俗信・迷信を含め、民間信仰の基礎を形づくったのが修験道であり、また、鎌倉仏教でさえ、修験道の影響を強く受けていたのである。

こうして見てくれば、明治維新の神仏分離政策が、深い歴史を背負っていたことがわかる。明治政府がめざしたのは、一神教的な天皇像であり、これを実現するためには、修験道的要素と多神教的要素に充満している神仏習合の民間信仰を根っこから切り崩す必要があったわけである。すなわち、神仏分離の本当の標的が修験道であったとしたのは、こういうことなのである。

深層に沈殿した太古の宗教観

明治政府は、西洋文明を見習い、これに追いつくことを国是《こくぜ》とした。したがって、俗信・迷信に満ちあふれた修験道世界を潰《つぶ》しにかかる必要があった。さらに、一神教的で父権的天皇像を構築するためにも、修験道は邪魔になった。なにしろ、修験道はのちに再び触れるように、山の神＝女神を崇拝する宗教観でもあったからだ。父から子へ、という一神教的世界とかけ離れた発想は、どうしても邪魔になる。

この結果、神仏分離が強行され、廃仏毀釈《はいぶつきしやく》という狂気が日本列島全土を席巻《せつけん》する。「神道」を復興するという名目で、神道と仏教がごちゃ混ぜになった信仰形態が破壊され、多くの仏寺が荒廃し、また、姿を消していくのである。純粋な「神道」など、もともとどこにもなかったにもかかわらず、である。

つまり、「近代天皇制」とは、人工的につくり出された新たな一神教的宗教観にほかならず、これは神道への「復古」のように見えて、実は伝統的な民族宗教を無視したまったく新しい宗教観の創作だったのである。したがって、本来ならば、「近代天皇制と新たな国家神道」はそう簡単に日本に根付くはずはなかった。ところが、時代の潮流が意外な反応をもたらした。江戸時代末期のアメリカの砲艦外交に屈し、圧倒的な西洋文明に接した日本人は、劣等感のはけ口を、一神教的な「強い天皇」に求めたのである。この結果、日本が奈落の底に突き落とされることになったのである。

そして、アメリカに徹底的に叩《たた》きのめされた日本は戦後、明治維新にも増して、過去の日本を恥じ、迷信や俗信を捨てさることとなるのである。

日本であることを恥じた近代の二回の合理化思想。しかし、日本人は表面上では合理化思想にどっぷりつかりながら、深層には、太古の日本を潜り込ませていったのである。

たとえば、神仏分離政策ののち、各地で新興宗教が生まれているが、どれをとっても「修験道的要素」を消し去ることはできなかった。日本人の深層心理の中には、「太古の信仰」が眠っていて、ふとした瞬間に、それが湧《わ》きあがってくるのである。また、知らず知らずの間に、修験道的な「迷信」や習慣を頑《かたく》なに守り通していることに気づくのである。

頭を丸め「苦行に励む」高校野球の球児たちは、まるで修行僧のようだと揶揄《やゆ》されることがあるが、正確に言えば、彼らの姿は修験者のそれに近い。

明治政府の富国強兵策が招いた結果とは？

修験道の排斥や仏教の破壊
一神教的な強い天皇像の構築
伝統的な民族宗教を無視
太古の信仰
実際はまったく新しい宗教観の創作
奈落の底に突き落とされる結果に！

かつて日本のスポーツ界では、いくら汗をかいても水を飲んではならぬと言い伝えられてきた。筆者もこの習慣のおかげで何回も脱水状態に陥り、いま思えば非常に危ない思いをしてきたものだ。なぜこのような非常識が罷《まか》り通っていたのだろう。修験道の修行のひとつに「水断《みずだち》」があって、この風習が受け継がれていたのではあるまいか。

少なくとも、民族の三つ子の魂というものは、そう簡単に消し去ることはできないようである。とするならば、「迷信」や「猥雑《わいざつ》な修験道」の根源というものから、われわれは目をそらすわけにはいかないであろう。

では、修験道のさらに奥にある、日本人の魂のふるさととは、いったいどのようなものなのであろう。

口裂け女に秘められた太古の日本

いまから二十数年前、チマタでは「口裂け女《くちさ》」が出現するといううわさが乱れ飛んだ。小学生が口伝えで流行《はや》らせたようで、ひとつの社会現象として注目されたものだ。

長い黒髪に白いマスク。振り向きざまにマスクを取り一言、「私、きれい?」とつぶやく。ふと見れば、耳まで裂けた口。逃げても車やバイクよりも速く走ってくる……。確かそのような内容だったように思う。

取るに足らない妖怪《ようかい》話と捨て置くことはできない。なんとなれば、口裂け女には、太古の信仰の名残がはっきりと留められているからだ。誰が語り始めたのかは定かではないが、知らず知らずのうちに、縄文時代以来の日本人の信仰形態がみごとに表現されていたのである。

そして、口裂け女から引き出される古態《こたい》の信仰の中に、修験道ばかりでなく、日本の呪《のろ》いと祟《たた》りの正体を突き止めるヒントが隠されているのである。

ではいったい、口裂け女のどこにそのような「古態」が秘められているのだろう。

これを説明するには、少し遠回りが必要である。話は縄文時代にまで遡《さかのぼ》る。

そこで、しばらく、口裂け女の背景を探ってみよう。

さて、世界中の先史時代、土偶《どぐう》という土器がさかんにつくられた。

土偶は生活のための土器ではない。人や動物の姿をかたどり、呪術《じゅじゅつ》のためにつくられたと考えられている。しかも、多くの土偶は、乳房や臀部《でんぶ》を大きく描き、「女」を誇張することが一般的だった。

日本においては、すでに縄文時代草創期に土偶がつくられていた。最古級の土偶は、不自然なほどに「女性」であることが強調されている。

縄文時代を通して、各時代の特徴を持った土偶がつくられていくが、縄文中期にひとつの画期を迎えていた。量が増え、構造が複雑化、多様化していった。そして、土偶をわざと壊し、しかも破片は方々に持っていかれ、丁重に祀られるという現象が確認されている。

なぜせっかくつくった土偶は破壊され、バラバラに散っていったのだろう。

これは母神を殺して豊穣《ほうじょう》を祈る呪術だったのではないか、と指摘されている。

吉田敦彦《あつひこ》氏は、『昔話の考古学』（中公新書）の中で、次のように述べている。

当時の人たちが土偶によって表わされた女神に対して、殺されて身体を破片に分断されることによって、人間に必要なよいものを生み出す母神としての働きを果たしてくれるという信仰を持っていた。そしてその信仰に基づいて、女神を殺し死体を分断して分ける儀礼を、女神の像である土偶を破片に分断しては分けることで、くり返していたのではないかと推測してよいのではないかと思える。（中略）

そしてその土偶を分断し、破片を分けることによって、古栽培民が生贄《いけにえ》を使って実施してきたのと同じ意味を持つ、女神の殺害を表わす儀礼を、祭りの中でくり返し行なっていたと推測できる。

この指摘は重要である。すなわち、土偶は太古の地母神《ちぼしん》信仰と関わりがあったわけである。ここにいう地母神とは、母なる大地が人々に豊穣をもたらしてくれるという発想から編み出された女神をさしている。そして、多産の女神としての土偶は、女神殺しの代償として、破壊されたというわけである。

豊穣の女神を表現した製品は、土偶だけとは限らなかった。多彩で芸術的な縄文土器の中には、上部に女性の顔がかたどられ、「器」そのものが女性の体となっていて、御馳走《ごちそう》を体の中にたくさん持っている豊穣の女神を表現していると思われる土器が散見できるのである。

この、豊穣の女神をかたどった土偶や土器が、口裂け女と遠い縁でつながってくるのである。

『日本書紀』に語り継がれた縄文の信仰

ただ、ここで話を進める前に、ひとつ触れておかなくてはならないのは、縄文時代の豊穣の女神の信仰は、記紀神話の中にも継承されている、という事実である。『日本書紀』に登場する豊穣の女神は、倉稲魂神《うかのみたま》と保食神《うけもちのかみ》である。「ウカノミタマ」の「ウカ」と、「ウケモチノカミ」の「ウケ」は、もとは同一で、「ウカ」は「食料」を意味している。伊勢神宮の外宮《げくう》に祀《まつ》られる豊受大神《とようけのおおかみ》の「ウケ」も、この「ウカ」と同意義である。のちに再び触れるように、伊勢神宮の内宮《ないくう》に祀られる天照大神《あまてらすおおみかみ》が、独り身で寂しいからと、御饌《みけ》の神・豊受大神を丹後から呼び寄せたとされている。

それはともかく、『日本書紀』神代上第五段一書十一には、天照大神が天にいたときのこと、葦原中国《あしはらのなかつくに》に保食神がいると聞きつけ、月夜見尊《つくよみのみこと》を見に行かせたという話がある。月夜見尊が降り立ってみると、保食神は首をぐるりとまわし、陸に向かうと、口から飯《いい》（米）が出てきた。海に向かうと、口から大小の魚が、山に向かうと口から毛皮の動物が出てきた。その品々をそろえて机の上に並べて饗応《きょうおう》したが、月夜見尊は怒り、「汚《けが》らわしく、卑《いや》しいことだ。口から吐いたものをもって私をもてなそうとは……」となじり、剣を引き抜いて斬《き》り殺してしまった。月夜見尊は天に帰り、ことの顚末《てんまつ》を報告すると、天照大神は怒り狂い、「おまえは悪い神だ。もう二度と会いたくない」といい、こうして天照大神（太陽）と月夜見尊（月）は、昼と夜に分かれたのだという。

のちに天照大神は保食神の様子を見に行かせた。すると保食神はすでにことされていて、その神の頭の上には牛や馬が生まれ、額の上には粟《あわ》が、眉《まゆ》の上には蚕《かいこ》が、目の中には稗《ひえ》が、腹の中に稲が生えていた。さらに、陰部には麦や豆が成っていた。献上されたこれらの食物に、天照大神は「人々の暮らしに必要なものだ」と喜んだという。

また、『古事記《こじき》』には次のような話がある。

食物を司《つかさど》る神・大気津比売神《おおげつひめのかみ》は、鼻、口、尻からいろいろな美味《おい》しい食べ物を取り出し、料理をして奉《たてまつ》った。だが、これを見た須佐之男命《すさのおのみこと》は、わざと汚して料理を献上したに違いないと思いこみ、大気津比売神を殺してしまった。すると大気津比売神の体の上には、頭に蚕、目には稲種、耳に粟、鼻に小豆《あずき》、陰部に麦、尻に大豆《だいず》が生えていた。そこで神産巣日命《かみむすひのみこと》は、これらをとって、種にしたのだという。

これらの話の中に、「女神が殺される」「その死体から豊かな食物が生まれた」という縄文時代以来日本人の信仰の中心になってきた豊穣の女神の典型的な姿が反映していたことは明らかだ。つまり、殺されて食物を産み出した保食神は、破壊され祀られた縄文の女神・土偶そのものなのである。

口裂け女と山姥《やまうば》のつながり

縄文時代から記紀《きき》神話の神々に引き継がれた地母神信仰の名残は、「山姥」と形を変えていく。

山姥は人間ではない。謡曲《ようきょく》『山姥』で山姥は、生まれ出たところも知らず宿もなく、ただ雲水を頼りにし、山をあてどなく彷徨《ほうこう》し、「人間にあらず」といい、鬼女になったと言い放っている。

山姥は「やまんば」ともいい、「山母」「山姫」という呼ばれ方をしたかと思うと、「山女郎《やまじょろう》」「鬼婆《おにばば》」という呼び方をされることもある。変幻自在な山の女神である。

容姿の特徴は、背が高いこと、長い髪、目が輝き、口が耳まで裂けているというものので、まさに、昭和の時代を騒がした口裂け女の原型がここにある。

山姥の頭に大きな口があって、なんでも貪欲《どんよく》にものを呑《の》みこんでしまう、という伝承がある。ときには子供さえ飲み込んでしまうというから、ブラックホールのような口である。ちなみに、子供をさらって食べてしまうという鬼子母神《きしぼじん》（サンスクリット語のハーリティ）の話も、山姥と共通の要素に満ちている。

昔話「食わず女房」は、まさに、このような山姥の特徴が言い伝えられたもので、何も食べない女房を不思議に思った夫が、こっそりのぞいて見ると、女房が頭のてっぺんの口を大きく開けて、大飯を喰らっていた、というお話である。

口裂け女も山姥も、どちらも大きな口を持っている。そして、山姥は、その貪欲さの裏返しに、人々に豊穣をもたらす神でもあった。

先述の吉田敦彦氏は、女性の顔をつけた縄文時代の深鉢《ふかばち》の例をあげ、これらの深鉢の中で料理される食物は、まさに女神の身体の中でいろいろな美味しい御馳走になる。そして土器によって表わされた女神は、それらの御馳走を自分の身体の中にふんだんに持っていて、それを身体から惜しみなく出しては、人間に食べさせてくれていることになると思われる。

としている。このように、山姥は縄文時代から信仰を集める豊穣の女神の伝統を引き継いでいたわけである。

ところで、もっとも人口に膾炙《かいしゃ》した山姥といえば、昔話の「金太郎」の母であろう。

「金太郎」は童子（子供）でありながら酒好きで赤ら顔、鉞《まさかり》をかつぎ熊にまたがって筥根《はこね》（箱根）の足柄山を闊歩《かっぽ》した。

金太郎の本名は坂田金時《きんとき》（公時）で、金時がもし実在したとすれば、平安中期の紫式部の活躍した第六十六代一条天皇（在位九八六～一〇一一）の時代の人だ。摂津《せっつ》源氏の祖・源頼光《よりみつ》（九四八？～一〇二一）の四天王のひとりで、伝説では、京都府北部の大江山《おおえやま》の鬼・酒呑童子《しゅてんどうじ》を退治したのが、源頼光である。

金太郎は、『御伽草子《おとぎぞうし》』の酒呑童子説話の中で、源頼光の家臣として登場していたのだ。

なぜ伝説の中で、源頼光が金太郎を必要としたのかといえば、ひとつの理由に、酒呑童子が「水の神」であったのに対し、金太郎が「金（金属）」の神であったことに由来する。陰陽五行説《いんようごぎょうせつ》には「金は水に克《か》つ」という法則があって、だからこそ、金太郎は鉞を持ち、「金」の名を与えられたわけである。

それだけではない。手に負えない大江山の鬼（疫神《えきしん》であったとされている）酒呑童子を退治できるのは、酒呑童子と同様の恐ろしさを兼ね備えた「童子＝鬼」で、金太郎の鬼としての「根拠」は、童子であることと、山姥の子であることにほかならない。

もっとも、金太郎の母が山姥だったという話の設定は、近世にいたって完成しているのだが、やはりここには、日本人の山姥に対する深い信仰が秘められている。山姥は、日本の民俗信仰の基層を形づくっているといっても過言ではないからだ。

日本の民俗信仰の基層を彩る豊穣の女神

人々を震え上がらせ、また一方で人々に幸《さち》をもたらす女神として、山姥伝承は日本各地に残り、「食わず女房」「姥皮《うばかわ》」などの昔話となった。能でも「山姥」の題目で演じられるなど、山姥は日本人の民俗信仰の基層を形づくっていった。

では、いったい山姥はなぜこれほどまでに、日本人に影響を与えたのだろう。山上《やまがみ》伊豆母《いずも》氏は次のように指摘している。

原始の山岳思想は縄文期の狩猟時代に山谷の間に芽生え、樹林に出没する鳥獣を山霊の化身と信じることから発達した（中略）。いわばアニミズムの世界であろうが、古代の神話信仰の発生もまた畏怖《いふ》すべき荒魂《あらみたま》を馴化《じゅんか》することによって招福の和魂《にぎみたま》に転化する型をとる。（『天狗《てんぐ》と山姥』怪異の民俗学5　小松和彦責任編集　河出書房新社）

このように述べた山上氏は、「これら古代神話から民間伝承への過程は、その背景として山岳列島の風土と、縄文から古墳期への狩猟文化と山人たちの生活史や山岳習俗が有することを忘却できないのである」と結んでいる。

この山上氏の指摘は重要な意味をもっている。

かつて、日本は稲作民族の国であると喧伝《けんでん》されていた。そして、いわゆる「神道」も、稲作民族の習俗とともに語られてきたものだ。

一方、民俗信仰の根底には、山姥という妖怪がいた。山姥は人々を脅《おびやか》し、また、幸をもたらすと信じられてきた。確かにその豊穰の女神は稲作農民にとっての恵みの神ではあったが、山姥伝承の背景には、縄文時代以来引き継がれてきた、「山の民」の信仰形態が濃厚に反映されていた、ということになる。

ここで注意する必要があるのは、縄文時代以来引き継がれてきたアニミズム信仰において、豊穣の神は祟る神でもあった、ということである。そして、この「神の二面性」こそが、「呪いと祟り」と日本の謎《なぞ》を解き明かすヒントとなってくるのである。

もうひとつ大切なことは、祟る女神、豊穣の女神こそが、日本人にとってもっとも重要であり、だからこそ民間伝承の中で、山姥があらゆる形に変形して語り継がれてきたのである。口裂け女という山姥が昭和の時代に出現したのも、「祟る女神、豊穣の女神」が民族の深層心理に固く刻まれていたからにほかならない。

「口裂け女」という山姥《やまうば》伝説の背景とは？

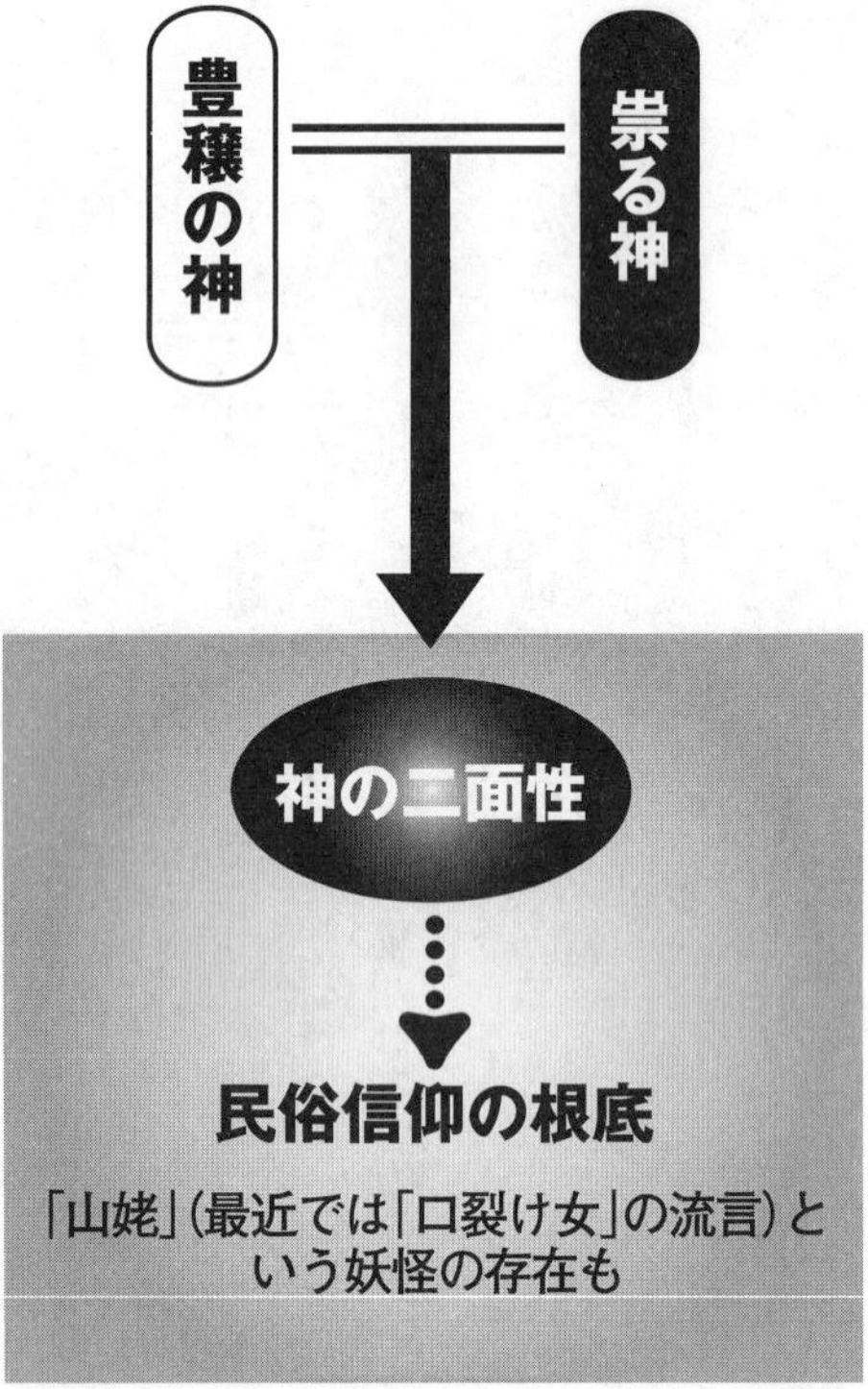

明治のインテリ層が過去の日本を恥じ、戦後の文部省が「迷信」を抹殺《まっさつ》しようとしても、日本人の三つ子の魂を消し去ることなど、所詮《しょせん》できなかったわけである。もちろん、これが自然なのである。

隠されてしまった豊穣の女神

それにしても……。呪いや祟りを語るために、なんと遠回りをしていることか。だが、そろそろ本題に入っていかなければなるまい。話は急転直下、意外な方向に進んでいく。

すでに触れたように、『古事記』で「豊穣の女神」は、大気津比売神《おおげつひめのかみ》の名で登場している。これに対し、『日本書紀』は倉稲魂神と保食神という名であった。どちらの名にも「ウケ＝ウカ」がついていることは先述した。

ところで『古事記』には、まだほかに「豊穣の女神」が登場する。

伊邪那岐命《いざなぎのみこと》（伊弉諾尊《いざなぎのみこと》）と伊邪那美命《いざなみのみこと》（伊弉冉尊《いざなみのみこと》）は国生み（大八《おおや》島《しま》国）を終えると、次に、多くの神々を産み落としていった。伊邪那美命は火之迦具土神《ひのかぐつちのかみ》を産み落とし「ホト」を焼いて亡《な》くなるのだが、亡くなる直前、和久産巣日神《わくむすひのかみ》を産み、和久産巣日神は豊宇気毘売神《とようけびめのかみ》を産んだのだという。ここにある豊宇気毘売神の「ウケ」は保食神の「ウケ」であり、やはり「豊穣の女神」であるとともに、丹後半島に残された天の羽衣伝承の主人公・豊受大神と同一の神とされている。

さらに、時代は下り、高天原《たかまのはら》から追放された須佐之男命《すさのおのみこと》（素戔嗚尊《すさのおのみこと》）が八岐大蛇《やまたのおろち》退治をし、出雲の須賀《すが》に宮を造り、櫛名田比売《くしなだひめ》に子を産ませたのち、大山津見神《おおやまつみのかみ》の娘・神大市比売《かむおおいちひめ》を娶《めと》って生まれた子が大年神《おおとしのかみ》で、次に宇迦之御魂神《うかのみたまのかみ》が誕生したというのである。ここにある宇迦之御魂の「ウカ」が、「豊穣の女神」の証《あかし》であることは、あらためて述べるまでもない。

人間が生きるうえでもっとも大切なものはなにかといえば、それは「食べ物」である。古代においてちょっとした気候変動が起きれば、食糧はすぐに不足し、飢饉《ききん》に見舞われたであろう。だからこそ、「豊穣の神」のご機嫌を損ねまいと、土偶をつくり、「ウケ（食物）の神」と讃《たた》え、必死に祀ったに違いないのだ。ところが、記紀神話における「豊穣の神」の扱いは、想像以上に軽い。

その一方で、これらの豊穣の女神は、神社祭祀《さいし》の中で際立《きわだ》った存在となっている。そのひとつが伊勢神宮の豊受大神であり、もうひとつが、稲荷神社の倉稲魂神《うかのみたま》にほかならない。豊受大神は日本で最高の社格を誇る伊勢神宮で、かたや倉稲魂神は、日本で最大級の数を誇る全国の稲荷社で祀られた神である。

不思議なのは、伊勢神宮の豊受大神である。

伊勢神宮がいまのような祭祀形態に発展したのは、八世紀の頃のこととされている。すなわち、『日本書紀』の編纂《へんさん》とほぼ同時、ということになる。そのとき、皇祖神で太陽神の天照大神とウケの神・豊穣の神の豊受大神がコンビになって祀られたのだろう。朝廷にとって、天照大神も豊受大神も、どちらも大切な神だったのだ。ところが、どうした理由からか、『日本書紀』は豊受大神について、一言も触れていないのである。

八世紀の朝廷の正式見解『日本書紀』の中で、過去の迷信は捨てさられたということなのであろうか。

八世紀の段階でかつての物部神道が中臣神道に塗り替えられたことはすでに述べたが、ここで、それまでは「ウケの神」が担《にな》っていた役割を、「天皇」が代行したのではないかと思える節がある。それが、律令制度における新たな天皇の役割である。

基本的に律令社会は百姓からの税によって運営されていた。税の概念を広めるために、朝廷は天皇の祭祀を利用した。稲を天皇が祀り、霊力を持った稲種を百姓に配り、その種から実った稲の一部を、朝廷に献上させるという仕組みである。すなわち、天皇の祭祀によって霊力を持った種をもらい受けた百姓は、次の年も「神聖な稲種」をいただくために、神としての天皇に稲種を奉納した。ようするに、これが税である。天皇が豊穣の神に祈るとしても、前面に押し出されるのは「天皇の祭祀」であり、豊穣の女神の影は薄くなるのが律令体制、ということになる。

つまり、天皇の権威を高めるためにも、朝廷にとって豊穣の女神は邪魔になったのではあるまいか。もちろん、ここにいう「朝廷」とは、中臣神道を創作した藤原氏の朝廷である。

こののち、民衆の「神道離れ」が加速し、朝廷の思惑は崩れていくのだが、それにしても、なぜ中臣神道は豊穣の女神を忌《い》み嫌ったのだろう。そして、なぜ豊穣の神を隠し、天皇の祭祀を重視したのだろう。

以後、豊穣の女神のその後を追ってみたい。

第2章　「稲」「水」「塩」に込められた滅びた者の祟り

日本を支配する「祟《たた》り」

日本が「祟りの国」であることは、多くの民俗学者や作家が指摘している。

その理由ははっきりしないのだが、「祟り」がこの国の民族の謎《なぞ》を解く鍵《かぎ》だという「漠然とした予感」があって、多くの言葉を用いて、その謎を解明しようといそしんでいるように思えてならない。

もっとも、だからといって、これまで日本の謎を「祟り」で明確に解き明かせたかといえば、杳《よう》として実態はつかめていない、というのが本当のところであろう。

たとえば谷川健一氏は『魔の系譜』（講談社学術文庫）の中で、日本の歴史において、「死者が生者を支配」していると指摘し、しかもそれは、ヨーロッパでいわれているような死者と生者の連帯ではなく、対立の関係である、とする。否定的な死者の魔が支配する歴史だといい、
それは表側の歴史にたいしては挑戦し、妨害し、畏怖《いふ》させ、支配することをあえて辞さない。（中略）

この魔の伝承の歴史——をぬきにして、私は日本の歴史は語れないと思うのだ。

と述べている。そして、ここにいう「死者」とは、歴史の敗者をさしていて、要するに、「祟り」が日本を支配してきた、というのである。

谷川氏は縄文時代中期に盛行した勝坂《かっさか》式土器に蛇体の装飾が施されていること、蛇が「動物磁気とでもいうべき魔性」を持っていて人間を呪縛《じゅばく》していたことから、「日本人の心性に巣くう魔の系譜」は、縄文中期にまで遡《さかのぼ》ることができる、としている。

その通りであろう。

柳田国男は、日本で鬼や天狗《てんぐ》が怖《おそ》れられた背景には、山に住む先住民族（山人）の残滓《ざんし》が見られると語っているのだが、これに関連して谷川氏は、彼らが山の神に仕え、神聖視と畏怖というふたつの側面で見つめられ、里人に怖れられていたと指摘し、次のように述べる。

そうした山住みの人たちの異常さは、山人の異貌《いぼう》ともあい俟《ま》って、空中を自在に飛行する天狗の仕業とも思われたろう。それが山に入って何年、または何十年と修行する仏教の行者のイメージと重なりあった。山の神に仕える山人と、山中に籠居《ろうきょ》して心身を苦しめる行者とは、並はずれた能力をもつものと考えられた。

要するに、日本の不思議な「魔の系譜」の根源に、縄文時代以来継承された山の民の営みが隠されていた、というのである。

谷川健一氏や柳田国男の推論はもっともである。奈良時代から平安時代にかけて権力者たちを震え上がらせたのは、山から出現した怪しげな修験者《しゅげんじゃ》たちであった。彼らが怖れられた理由は「山」であった。里人から見れば、山は異界であり、深い闇の中に、人智を越えた力が秘められていると考えられていた。その山の中には、山人という異形《いぎょう》の人々がたむろしているのである。

そしてもちろん、先住民＝縄文人と渡来系の稲作民族の葛藤《かっとう》が、日本の表と裏を形成し、今日に続く不可解な歴史の基層を形づくったという指摘を無視することはできない。

しかし、もうひとつ大切な「魔」の要素を、谷川氏らは見落としているのではあるまいか。山と里の対立を見ていただけでは、日本の呪《のろ》いと祟りの本質を理解することはできないのである。

というのも、ヤマト朝廷誕生ののち、『日本書紀』に現れる明確な「呪術」を見てみると、山と里の対立という図式だけではなく、もっと違った形の要素もからんでくるからである。

では、それがいったい何であったのかというと、「水」と「塩」の祟りであり、それは祟る「海」と祟られる「陸」という図式である。

さらに付け加えるならば、「祟り」や「天皇」をめぐる大きな謎は、本来「祟る王」が天皇であるはずなのに、『日本書紀』の中には、「呪われる王」や「祟られる王」がたびたび出現していることなのである。なぜ「祟る王」が「祟られる王」でもあるのだろう。どうにも不可解な話である。

これがいったい何を意味していたのか、『日本書紀』をひもといてみよう。

天皇家を震え上がらせた稲城という呪術

不思議なことに、「祟られる王」にはいくつものパターンが存在する。そのひとつが「稲城《いなき》」で、どういう理由からか、天皇に刃向かう者たちは、稲を積み上げただけの「稲城」なる城に立てこもり、頑強に抵抗し、王権を呪うのである。しかも攻める王権側は、「稲城」を畏怖していたようなのだ。これはいったい何を意味しているのだろう。そこで、稲城がどのような場面で登場したのか、その例をあげてみよう。

話は第十一代垂仁《すいにん》天皇の時代のことである。西暦に直すことはできないが、おそらく四世紀のことと思われる。

垂仁天皇の皇后は開化《かいか》天皇の子・彦坐王《ひこいますのみこ》の娘・狭穂姫《さほひめ》で、誉津別命《ほむつわけのみこと》を産んでいた。

垂仁四年秋九月。狭穂姫の兄・狭穂彦王《さほひこのみこ》が謀反《むほん》を企て、皇后の狭穂姫を味方に引き入れようとした。兄と夫のどちらが大切なのだと詰めより、狭穂彦王は短剣を姫に渡し、夫の寝首をかけ、と迫ったのである。姫は判断に迷ったが、兄の気持ちを思うと、軽々しく説得することもできず、また短剣を隠すこともできず、衣の中にそっとしまったのだった。

翌五年冬十月。垂仁天皇が来目《くめ》（奈良県橿原《かしはら》市久米町）の高宮《たかみや》に行幸したとき、皇后の膝枕《ひざまくら》で昼寝をした。ことを起こす絶好の機会だったが、姫は行動を起こせずにいた。心の中では、

「兄の計画を成就《じようじゆ》するにはいましかないのに……」

そう思うとおもわず涙がこぼれ落ちてしまったのだ。

驚いた天皇は目を覚まし、

「いま私は夢を見た。錦《にしき》の織物の文様をした小さな蛇が私の首にまとわりついた。そ

れに、大雨が狭穂から降ってきて、顔をぬらしたのだ。これはなんの兆《きざ》しだろう」

地に伏してかしこまった狭穂姫は、隠しきれないと察し、苦しい胸の内と兄の謀反を包み隠さず打ち明けたのだった。そして、帝の夢の中に現れた小さな蛇は、姫が授かった短剣であること、雨は姫の涙であることを知らせた。

これを聞いた天皇は、「おまえの罪ではない」と許し、上毛野君《かみつけののきみ》の遠祖・八綱田《やつなだ》に兵を授け、狭穂彦王を討たせたのである。

狭穂彦王も兵を挙げ応戦した。『日本書紀』はこのときの様子を、次のように記している。

忽《たちまち》に稲《いね》を積《つ》みて城《き》を作る。其《そ》れ堅《かた》くして破《やぶ》るべからず。此《これ》を稲城《いなき》と謂《い》ふ

すなわち、狭穂彦王は、稲を積み上げ城をつくったが、防禦《ぼうぎょ》が堅くて破ることはできなかった。この城を「稲城」といい、月が変わっても、城は落ちなかったのだ。

狭穂姫はこの様子を見て、「私は皇后ではあるけれども、このような形で兄を失っては、面目が立ちません」そういって、誉津別命を抱いて稲城に入ってしまったのである。

天皇は兵力を増して城を囲んだ。そして城に向かって、皇后と皇子の身柄を引き渡すことを要求した。しかし、ふたりは出てこなかった。そこでやむなく八綱田は城に火を放った。すると皇后は城から出て、「この城に逃げ込んだのは、皇子と私がここにいれば、兄は許されると思ったからです。ですが、願いは叶《かな》わぬこと、私に罪があることを知りました。ですから、ここで死ぬだけです。けれども、帝の恩は忘れません」と言い残し、炎の中に帰っていったのだった。城は崩れ、兵士たちは逃げまどい、狭穂彦王と狭穂姫はここに滅亡したのである。

物部守屋も稲城の呪術を用いていた

ここには狭穂彦王の謀反と、これに巻き込まれた狭穂姫の悲劇が記されている。

この一節には、いくつかの問題が隠されている。

まず第一に、狭穂姫の子誉津別命は救出されるのだが、「火の中から生まれた（再生した）」という図式から、日向《ひむか》神話の世界の皇祖神《こうそしん》・彦火火出見尊《ひこほほでみのみこと》（山幸彦《やまさちひこ》）が火の中で木花之開耶姫《このはなのさくやひめ》（鹿葦津姫《かしつひめ》）から生まれた話と同類のものであるという指摘がある。

ちなみに、木花之開耶姫は、天津彦彦火瓊瓊杵尊《あまつひこひこほのににぎのみこと》の子を一夜で孕《はら》み、天津彦彦火瓊瓊杵尊は「自分の子ではない」と疑ったのだった。その嫌疑を晴らすために、木花之開耶姫は、無戸室《うつむろ》（密閉した家）をつくり、火を放ったのである。

神話の「火の中から生まれた御子《みこ》」は、穀物の神の出現を言い表していると考えられている。その理由は、たとえば木花之開耶姫の子が彦火火出見尊であったことで、御子の名に「火」がふたつ続くのは、この御子が火の中から生まれたからだが、「火＝ホ」は、元来「穂（稲穂）」の意味をもち、「穂出見《ほでみ》」の「穂」が「火」に転化していったものである。

つまり、ここで大切なことは、木花之開耶姫も狭穂姫も、どちらも「死ぬことで豊《ほう》穣《じょう》（稲）」を生み出したということである。これが縄文時代以来継承された「豊穣の女神」を彷彿《ほうふつ》とさせていることはあらためて述べるまでもない。ちなみに、ヤマトの初代天皇とされる神武天皇の別名は彦火火出見尊で、この人物も、豊穣の神から産み落とされた御子であった。

次に問題となるのは、「稲城」である。

稲城は字の通り、稲穂、あるいは籾《もみ》を積み上げた城である。

稲城が戦争に用いられたのは、狭穂彦王のときだけではない。雄略《ゆうりゃく》十四年四月には、次のような事件が記録されている。

呉の人を饗応《きょうおう》しようとした雄略天皇は、接待役の適任者を探した。群臣が推薦したのは根使主《ねのおみ》だった。根使主は坂本臣《さかもとのおみ》の祖で、『新撰姓氏録《しんせんしょうじろく》』には、坂本臣について、彦太忍信命《ひこふつおしのまことのみこと》の孫・武内宿禰《たけのうちのすくね》の末裔《まつえい》で、紀臣《きのおみ》と同族であると記されている。これを信じるならば、根使主は蘇我氏とも遠い血縁でつながっていたことになる。

それはともかく、雄略天皇は群臣の意見を入れ、根使主に接待役を任せた。ところが、雄略天皇が舎人《とねり》（従者）を差し向け、その様子を見てこさせたところ、「根使主のつけている玉縵《たまかづら》（玉の髪飾り）が実に見事で、以前にも身につけていたそうです」と報告してきた。これを聞いた雄略天皇は、早速その様子を自ら見てみようとお出ましになった。そして、事件は起こった。

ところで、なぜ玉縵がここで問題にされたのかというと、これには伏線がある。

それは、雄略天皇の同母兄で先帝の安康《あんこう》の時代の事件が尾を引いていた。

安康元年二月、安康天皇は大泊瀬皇子《おおはつせのみこ》（のちの雄略天皇）に大草香皇子《おおくさかのみこ》（仁徳天皇の皇子）の妹・幡梭皇女《はたびのひめみこ》を娶《めと》らせようとした。そこで根使主を遣わして、大草香皇子に用件を伝えさせた。すると病の床に伏せていた大草香皇子は、大いに喜び、押木珠縵《おしきのたまかづら》（玉縵）を根使主に渡し、天皇への捧《ささ》げものにし、婚約の証《あかし》としたのだった。

ところが根使主は、押木珠縵の美しさに目がくらみ、天皇に、大草香皇子は命令に逆らったと報告し、「親族といえども、なぜ妹を大泊瀬皇子の妻とすることができよう」と言っていたと偽ったのだ。天皇は根使主の言葉を信じ、大草香皇子の館を囲み、殺してしまったのである。

このような因縁をもった玉縵である。幡梭皇女は雄略の皇后となっていたから、皇后は、その玉縵が大草香皇子の物ではないかと思い、嘆き悲しんだ。不審に思った天皇が理由を問うと、過去のいきさつをすべて語ったのだった。驚き怒った天皇は、根使主を尋問し、罪を認めさせると、根使主を斬《き》ろうとした。間一髪逃れた根使主は、日《ひ》根《ね》（和泉国日根郡、坂本臣の本拠地）にもどり、「稲城」を築いて応戦したが、攻め滅ぼされてしまったのである。

「稲城」の例は、もうひとつある。

それが、六世紀の仏教導入をめぐる争いの中で出現している。物部守屋《もののべのもりや》と蘇我馬子《そがのうまこ》の確執である。

仏教導入を推し進めていた蘇我馬子に対し、伝統的な「神道」を守りたい物部守屋は頑強に抵抗した。仏像を川に流したり、尼寺を襲ったりして蘇我氏を苦しめた。

用明《ようめい》天皇二年（五八七）七月、蘇我馬子は泊瀬部皇子《はつせべのみこ》（このあと即位する崇峻《すしゅん》天皇）以下、朝廷の主だった皇族を引き連れ（聖徳太子も活躍している）、渋河《しぶかわ》（河内国渋川郡）

の物部守屋の館を囲んだのである。

物部守屋は兵を挙げ、「稲城を築《つ》きて」よく戦った。守屋は木の上に登り、雨のように矢を射かけてきた。朝廷軍は、さんざん苦しめられ、三度退却したという。

このとき、厩戸皇子《うまやどのみこ》（聖徳太子）は後方から戦況を見守っていたが、不利な状況を憂《うれ》えて、

「これでは守屋を破ることはできないだろう。願掛けをしなければ、成しがたいだろう」

と語り、霊木《れいぼく》（白膠木《ぬりで》）を切り、四天王像を彫り、髪をたぐりあげ、誓いを立てた。

「いまもし我をして敵に勝たしめたまわば、必ず護世四王《ごせしおう》のために寺を興しましょうぞ」

すると蘇我馬子もこれに倣《なら》い、

「諸天王《しょてんおう》、大神王《だいじんおう》たちが我らを助け守り、勝つことがかなえば、寺を建て三宝を伝えましょう」

こういって軍をすすめると、物部守屋の軍勢は、自ら崩れていったというのである。

祟る稲とは何か

こうして「稲城」の築かれた三つの例をあげてみたが、稲城を築いた者たちの抵抗は激しく、攻め落とすことが困難だった、というのである。これは本当だろうか。稲穂を積み上げただけの「城」が、なぜ敵をはね返すことができたのだろう。

岩波書店『日本古典文学大系　日本書紀』の補注は、『新唐書《しんとうじょ》』日本伝に、日本には城郭がなく、木柵《もくさく》を用いて防禦に当てている、という記事を引用し、「強かった稲城」の説明に当ててお茶を濁しているが、稲城が堅固な防御力を持っていたとする『日本書紀』の記述自体が不審きわまりない。だいたい、狭穂彦王の事件では、破ることの困難だった稲城であったが、火をかけたら、ひとたまりもなく燃え尽きたというのである。ならば、最初から火を放てばいいものを、なぜ朝廷軍は力攻めをくり返し、無駄な血を流す必要があったというのであろう。

そこで三つの事件に注目してみると、ひとつの共通点を見出すことができる。それは、どれもこれも、「反逆者が稲城を用いた」という一点であり、みな王家を呪《のろ》って死んでいったことである。

要するに、「稲城」とは一種の「呪術《じゅじゅつ》」だったのではあるまいか。「呪い」であったからこそ、火をかけるのをためらい、また、呪いがかけられていたからこそ、難攻不落だったと考えられる。

その証拠に、物部守屋が稲城に立てこもったとき、朝廷軍が束になっても一豪族の館を攻め滅ぼすことはできなかった。そして、これを制圧できたのは、厩戸皇子（聖徳太子）の呪術だったのである。

ここで注目すべきは、『日本書紀』がこの事件の中で、厩戸皇子の髪型を「束髪於《ひさごば》額《な》」と強調していることで、これは童子の髪型にほかならない。すなわち、大人にはかなわない敵を倒したのが、童子であり、童子は鬼と同等の鬼にほかならない。すなわち、「稲城」の呪術に打ち勝つには、朝廷側も鬼のような力をもった厩戸皇子を用いる必要があったことになる。

このように、「稲城」は呪術なのであり、しかもこれは、修験者がもたらすような「山の呪い」とは明らかに異なる。「稲」が呪うのであり、一見してそれは、稲作民族の呪術のようにも見受けられる。

とするならば、日本を彩《いろど》る表と裏の社会の乖離《かいり》を、単に山と里の対立と共存という図式だけでは解けないことがわかる。

「稲《いな》城《き》」の難攻不落の理由は？

稲城…稲穂や籾《もみ》で積み上げた城

は、なぜ敵をはね返したか？

「呪術」の一種で、
呪いがかけられていた

↓

難攻不落

↑

童子の髪型をした厩戸《うまやどの》皇《み》子《こ》
（聖徳太子）の呪術でのみ
制圧できた

ただ、ことはそう単純ではない。「稲城」が「稲」の呪力を用いていることは確かにしても、だからといってそれが稲作民族の呪術であったと単純に決めつけることはできないからである。

というのも、天皇は「水」と「塩」の呪いに苦しめられ、これが「海の呪術」であること、その「海の呪術」こそが、「稲城の呪術」の根源である可能性を秘めていたからである。しかも、この「海の呪術」が、古代日本の呪いと祟りを解明するうえで、重要な意味をもっていたことが、次第に明らかになってくる。

そこで以下、「水と塩(海)に祟られる王」の例をふたつあげてみよう。

水と塩の呪いをかけられた天皇

雄略天皇即位前紀に、水の祟りの話が載る。

雄略天皇は周囲の有力な皇位継承候補を次々になぎ倒し、また、罪のない人々を殺してしまうなど、評判の芳《かんば》しくない帝であった。天皇家の正統性を詠《うた》い上げているはずの『日本書紀』ですら、天下の民が雄略をさして「大《はなは》だ悪《あ》しくまします天皇《すめらみこと》なり」と誹《そし》ったと記録しているほどだ。

雄略暴走の端緒は、先帝安康が暗殺されたことであった。朝廷が混乱する中、安康天皇の弟・雄略は早速兵を挙げ、皇位継承候補に安康暗殺の嫌疑をかけ、次々と殺戮《さつりく》していく。

まず、最初の標的になったのは、すぐ上の兄・八釣白彦皇子《やつりのしろひこのみこ》（允恭《いんぎょう》天皇の第四皇子）で、これを斬り殺すと、次に、坂合黒彦皇子《さかあいのくろひこのみこ》（允恭天皇第二皇子）を問いただした。身の危険を感じた坂合黒彦皇子は、安康天皇暗殺の張本人、眉輪王《まよわのおおきみ》とともに、円大臣《つぶらのおおおみ》の館に逃げ込んだのである。ここにある円大臣とは、武内宿禰の末裔・葛城《かつらぎ》氏で、当時最大の勢力を誇った豪族であった。

雄略天皇は円大臣に使者を送り、ふたりをこちらに渡すよう命じた。しかし、円大臣は、

「私を頼ってきた皇子たちをどうして見捨てることができましょう」

と言い放ち、要求を拒否した。

雄略は兵を挙げ、大臣の館を囲み、火を放って皆殺しにしてしまったのである。

雄略天皇の暴走は、これだけで終わったのではない。生前、兄の安康天皇は、従兄《いと》弟《こ》の市辺押磐皇子《いちへのおしはのみこ》に皇位を譲ろうと考えていて、これを雄略天皇は深く恨んでいた。

そこで雄略は、市辺押磐皇子のもとに使いを送り、狩りに誘い出す。猪《いのしし》を射る振り

をして皇子を射殺したのである。

市辺押磐皇子の舎人の佐伯部売輪《さえきべのうるわ》は皇子の屍《しかばね》を抱いて途方に暮れたが、雄略は皆殺しにしてしまった。

同じ月、市辺押磐皇子の弟の御馬皇子《みまのみこ》が三輪に出向いたとき、伏兵に待ち伏せされ、捕らえられ、殺された。このとき皇子は井戸をさし、

「この水はただ百姓《おおみたから》のみ飲むことができる。王ひとり、飲むことができなくなる」

と呪いをかけた。

これが雄略天皇にかけられた水の呪いである。

もうひとつ、似たような事件がある。

時代は少し降《くだ》り、武烈《ぶれつ》天皇の話だ。

武烈天皇は実在が危ぶまれるが、雄略天皇同様、暴君として『日本書紀』に登場する。人の苦しむ姿を見て快感を覚えるなど、異常な性格の持ち主だったという設定である。

この天皇も、即位の直前、一悶着《もんちやく》を起こしている。それは、物部の女人・影媛《かげひめ》をめぐる恋の鞘当《さやあ》てで、当時最大の勢力を誇っていた蘇我系豪族平群真鳥《へぐりのまとり》の子・鮪《しび》と、影媛を奪い合い平群真鳥と鮪を滅亡に追い込んでいる。

館を兵に囲まれ観念した真鳥は、塩を呪って死んでいったのである。ところが、角《つぬ》鹿《が》（福井県敦賀市）の塩だけを呪い忘れたので、天皇は角鹿の塩を食すようになったという。

海神に呪われた皇祖神

このように、天皇に滅ぼされ恨みを抱いて死んでいった者たちは、みな「水」や「塩」を呪ったのである。「水」や「塩」とは、要するに「海」の呪術である。

古くは地上の井戸と海の水はつながっていると信じられていたものだ。奈良の東大寺のお水取りで、日本海側の若狭から水が送られ、東大寺でこれをくみ上げるという行事が行われてきたのも、井戸と井戸はつながり、また、井戸と海は繋《つな》がっていて、「水」は「海」とイコールという観念があったからにほかならない。

では、なぜ「悪徳の天皇」に復讐《ふくしゅう》するために、「海」が選ばれたのだろう。

「祟られる天皇」という現象には、なぜか「海」が関わってくる。それは、神話の世界からの「伝統」であったかのようだ。というのも、天皇家の祖神・天津《あまつ》彦彦火瓊瓊杵尊《ひこひこほのににぎのみこと》が天孫降臨を果たしたのち、天津彦彦火瓊瓊杵尊の子の彦火火出見尊《ひこほほでみのみこと》は、「海の恨み」を買っているからだ。それが、海幸彦《うみさちひこ》・山幸彦《やまさちひこ》神話である。

海幸彦・山幸彦神話のあらすじは、次のようなものだ。ある日、海の幸と山の幸を交換しようということになったが、ふたりともうまく幸を得られなかった。そればかりか、弟の山幸彦（彦火火出見尊）は、兄の釣り針をなくしてしまったのである。

兄がこれを許さなかったので、浜辺で途方に暮れていると、塩土老翁《しおつつのおじ》なるものが山幸彦を籠《かご》に乗せ、海に誘った。着いたのは海神《わたつみ》の宮だった。そこで山幸彦は海神の娘・豊玉姫と出会う。三年の楽しい日々が続いたが、山幸彦は陸上の暮らしがなつかしくなってしまった。それを察した豊玉姫は、山幸彦に兄を懲《こ》らしめる呪具・潮満瓊《しおみつのたま》・潮涸瓊《しおひのたま》を授け帰郷を許す。ただ子供を身籠《みごも》っているから、海の荒れた日に、浜辺に産屋《うぶや》を建てて待っていて欲しいと願う。

はたして約束どおり、豊玉姫は妹の玉依姫《たまよりひめ》を伴い、海辺にやってきた。豊玉姫は、「子を産むときに、なかを覗《のぞ》いてはいけません」

と堅く戒めた。しかし、山幸彦はおもわず覗いてしまう。すると、豊玉姫は「龍（八尋熊鰐《やひろわに》）」に化けていた。豊玉姫はひどく恥じ入り、

「もし私を辱めることがなければ、海と陸の道は長く通い合えましたものを。いまこの仕打ちを受け、どうして睦《むつ》まじくできるでしょうか」

そういって草（かや）で御子を包み海辺に捨てて、陸と海の道を閉ざし去っていったというのである。生まれ落ちた子は彦波瀲武鸕鷀草葺不合尊《ひこなぎさたけうがやふきあえずのみこと》で、また、久しくあって彦火火出見尊は亡くなったという。

ここにある海幸彦は南部九州の隼人《はやと》の祖で、山幸彦は天皇家の祖神である。すなわち、神話の時代、天皇家と海神は、何かしらのトラブルで、仲違《なかたが》いをしていたというのである。このことと、「水と塩の呪い」が、どういう因果でつながっているというのであろうか。

祟りと豊穣をもたらす海の神

山と里の対立だけが表と裏の相剋《そうこく》と融合ではなさそうだ。そして、海の神の呪いは、一方で、豊穣《ほうじょう》の呪術でもあることに気づかされる。

海神の娘豊玉姫は山幸彦を呪ったが、その一方で、彦波瀲武鸕鷀草葺不合尊を産んでいる。出産のとき、豊玉姫は人間ではなくなった。人間のように見えて人間ではないのは、異形の者であり、要するに「鬼」と同類である。鬼の出産は、豊穣の呪術に通じる。豊玉姫が鬼と同類であったことは、海幸彦を退治する呪術（潮満瓊・潮涸瓊）

を山幸彦に供与したことからも明らかだ。潮満瓊・潮涸瓊は海の神がもたらす豊穣の呪術であろう。豊玉姫の名の中に豊穣を表す「豊」の字が入っていることも見逃すことができない。

海の神が鬼のような醜悪な姿で現れたという話は、『太平記』や日本を代表する海神の神社・宗像《むなかた》大社の伝承に残る神功皇后《じんぐうこうごう》の新羅《しらぎ》征討に参戦した「磯良《いそら》（磯良丸《いそらまる》・安《あ》曇磯良《ずみのいそら》）」がいい例だろう。

鎌倉時代末期に成立した『宗像大菩《むなかただいぼ》薩《さつ》御《ご》縁起《えんぎ》』は、磯良丸について、次のように記している。

神功皇后と武内宿禰《すくね》が新羅を攻めようとしていたときのこと、海の神・志《し》賀島明《かのしまみよう》神《じん》が磯良丸という人物に身をやつし（影向《ようごう》）、ときどき陸に姿を現していた。磯良丸は水陸自在の賢人だからと、これを迎え入れるための勅命《ちょくめい》を出したが、磯良丸は姿を隠したままなかなか現れなかった。そこで武内宿禰は一計を案じ、天《あま》の岩戸《いわと》神話の故事にならい、神楽《かぐら》を行い、八人の天女《てんにょ》が袖《そで》を翻《ひるがえ》して舞った。すると磯良丸は童子の姿で亀に乗って出現した。姿を隠していたのは、貝や虫が体にこびりついた醜悪な姿を見せたくなかったからだと弁明した。水軍の舵取《かじと》りに命じられた磯良丸は、ここから大活躍をした、というのである。

これが磯良（磯良丸）をめぐる神社伝承である。ちなみに、磯良は玄界灘《げんかいなだ》から日本海にかけて活躍した海の民・安曇《あずみ》氏の祖神にほかならない。容姿が醜悪だったのは、この神が「恐ろしい祟りをもたらす海の鬼」＝「恵みをもたらす海の神」だったからだろう。磯良がもたらしたものは、新羅征討の「勝利」であった。

これは余計な話だが、磯良は福岡市の志賀島の神だが、対馬には、磯良の墓が存在する。もちろん伝承にすぎないが、磯良が玄界灘を縦横無尽に飛び回り活躍した証《あかし》であろう。海の民の神磯良は、さらにもっと広い行動範囲をもっていたようだ。『新撰姓氏録』によると、安曇氏の祖は海神・豊玉彦の子・穂高見命《ほたかみのみこと》であったという。信州の山中、穂高には、安曇氏の祀《まつ》る穂高神社がある。

なぜ海の神が山深い地に祀られたのかといえば、おそらく、彼らが「船の材料」となる大木を求めて川を遡《さかのぼ》ったからにほかなるまい。『八幡大菩薩愚童訓《はちまんだいぼさつぐどうくん》』によれば、磯良は筑前では志賀大明神に、常陸《ひたち》では鹿島大明神に、大和では春日大明神となったとしている。真偽は定かではないが、海の民の活躍と影響力の大きさがわかる。

豊穣の神・伊勢神宮の豊受大神の謎

海の神と豊穣をつなげる話は、『風土記《ふどき》』にも残されている。それが、天《あま》の羽衣《はごろも》伝承であった。

『丹後国風土記』逸文《いつぶん》には、次のようにある。

丹後の国丹波（現在の京都府京丹後市）比治《ひじ》の里を見下ろす比治山の山頂に湧《わ》き水がでていて（真名井《まない》）、いまではすっかり沼になっている。昔、八人の天女が舞い降り水浴び（沐浴《もくよく》）をしていると、たまたま通りかかった老夫婦がひとりの天女の羽衣を奪ってしまった。衣を盗まれた天女は恥じて水から出ることもできなくなってしまった。

子供のいない老夫婦は、この地に留まってほしいと懇願し、やむなく天女は従った。天女は十年あまり老夫婦と暮らし、万病に効く不思議な薬をつくり続け、老夫婦の家は豊かになった。

ところが慢心した老夫婦は、天女が邪魔になり、追い出してしまったのである。嘆き悲しみさまよい歩いた天女は、竹野《たかの》の郡《こおり》（京都府京丹後市）の船木の里の奈具《なぐ》の村

（弥栄町《やさか》船木）にたどり着き、

「ここにきて、ようやくわが心はおだやかになりました」

と告げ、ここを安住の地に定めたのだという。この天女こそ、竹野の郡の奈具の社に祀られる豊宇賀能売命《とようかのめのみこと》であったという。ここにある豊宇賀能売命は豊受大神《とようけのおおかみ》にほかならない。「トヨウカ」と「トヨウケ」の「ウカ」と「ウケ」が豊穣の女神を表していることはすでに触れた。

豊受大神は、豊穣を老夫婦にもたらしたにもかかわらず、見捨てられ放浪する神として描かれている。『風土記』には記されていないが、見捨てられた豊受大神は老夫婦に恨みをいだき、祟って出る神と恐れられたに違いない。豊受大神は、祟る神だからこそ、豊穣の女神にもなったわけである。

豊受大神が豊穣の女神であったことは、『摂津国風土記《せっつのくにのふどき》』逸文の稲倉山《いなくらやま》の条に、次のように記されていることからもはっきりする。この山の中で、トヨウケは御飯を盛り、この場所を膳厨《みくりや》（食物を調理する地）に選んだといい、また、やむを得ぬ事情で、丹波の国の比治の真名井に帰っていったという。

豊受大神が伊勢神宮に祀られるようになったいきさつも興味深い。延暦《えんりやく》年間に記された『止由気宮儀式帳《とゆけぐうぎしきちよう》』によれば、雄略天皇の夢枕《ゆめまくら》に天照大神《あまてらすおおみかみ》が立ち、「私は独り身で寂しいから、朝夕に御饌《みけ》を奉《たてまつ》る神を、丹波国の比治の真名井原《まないはら》からつれてきてほしい」ということだった。これが豊受大神で、雄略天皇二十九年九月に、伊勢の地に御饌殿が建てられたという。現在でも、豊受大神の祀られる外宮《げくう》では、「日毎朝夕大御饌祭《ひごとあさゆうのおおみけさい》」が毎日朝と夕に行われ、「忌火屋殿《いんびやでん》」で神聖な火を焚《た》き、この火で御饌（神の御飯）をつくり、天照大神と豊受大神が向かい合って食べるのだという。

このように、豊受大神は、どこから見ても「穀物の神」＝御饌の神なのである。問題は、その祟る豊穣の神が、本来稲作とは関わりのないはずの「海」とつながってきてしまうことである。

では、豊受大神と「海」がどこで結びついてくるのか。そして、この不可解な事態が何を意味してくるのか、以下しばらく海の神と豊穣の神の関係について考えてみたい。

海の女神に祟られる男たち

祟《たた》り、豊穣をもたらす豊受大神。

それは、縄文時代以来語り継がれてきた地母神そのものであったろう。その地母神と「海」をつなげる要因は、意外な場所に隠されている。

そこでしばらく、豊受大神の周辺を洗ってみよう。まず注目してみたいのは、昔話で名高い浦島太郎伝説である。

丹後半島の付け根、京都府宮津《みやづ》市の籠神社《このじんじゃ》では、尾張氏の始祖・彦火明命《ひこほのあかりのみこと》が祀られ、相殿《あいどの》に豊受大神や天照大神が祀られている。

現在の神社の言い分に従えば、主祭神は彦火明命ということになるが、古くは浦島伝承や豊受大神が信仰の中心にあったようだ。

浦島太郎といってもお伽話《とぎばなし》にすぎないという印象が強いが、実際には、『日本書紀』『風土記』『万葉集』に「実在の人物」として描かれた「古代の有名人」であった。たとえば『丹後国風土記』逸文には、今日に伝わる浦島太郎伝承の原型が記されている。

それは雄略天皇の時代のことであったという。与謝《よさ》の郡の日置《ひおき》の里（京都府宮津市日置）の筒川村の浦嶋子《うらしまのこ》（浦島太郎）は漁に出て五色の亀を捕まえた。その亀は美しい女人に化け（亀比売《かめひめ》）、蓬萊山《ほうらいさん》（神仙境《しんせんきょう》）に誘った。三年の楽しい月日を経て、浦嶋子は故郷や両親をなつかしく思うようになった。この様子を察した亀比売は、浦嶋子

の気持ちを確かめ、帰郷を許す。亀比売は浦島に玉匣《たまくしげ》（要するに玉手箱）を手渡し、
「もし再びここにもどってきたいのならば、玉匣を開けてはなりません」
と、堅く戒めた。ところが、浦嶋子が故郷に帰ってみると、人や風物が変わってい
て、ただただ呆然《ぼうぜん》とするばかりだった。通りがかりの人を呼び止め尋ねてみると、そ
の昔、浦嶋子という者がいて、海で遊んだまま帰ってこなかったという。それも、三
百年も前の話だった。
魂を抜かれたようになった浦嶋子は、村を彷徨《ほうこう》し、神仙境がなつかしくなり、亀比
売との約束も忘れ、つい玉匣を開いてしまったのだ。すると、若々しかった浦嶋子の
姿は、風雲とともに空に消え失《う》せ、たちまちにして老人になってしまったという。
これが『丹後国風土記』逸文の浦島伝説で、今日に伝わる浦島太郎伝説とほぼ同一
の内容といえる。
ここで注意すべき点はふたつある。ひとつは、浦嶋子の活躍した場が、豊受大神伝
承とほぼ重なっていることであり、さらに、浦嶋子は「海」と密接に関わりを持って
いたことである。そして第二に、この話が皇祖神・山幸彦と海神の娘・豊玉姫の悲劇
に似ている、ということである。この豊玉姫と豊受大神双方に、豊穣を暗示する「ト
ヨ」の名が冠せられていることは、はたして偶然なのであろうか。

浦嶋子は亀比売に誘われて蓬萊山に向かい、山幸彦は「籠《かご》」に乗せられていた。籠と亀の共通点は、亀甲紋《きっこうもん》である。籠神社の名の由来は、浦島太郎が「竹籠」に乗せられて竜宮城に行ったからだと、神社では語り継がれている。山幸彦は豊玉姫の産屋を覗き、怒った豊玉姫は海と陸の道を閉ざして去っていった。浦嶋子は亀比売との約束を破り、玉匣を開き、蓬萊山にもどるすべを失ったのである。

いったい、なぜ皇祖神をめぐる日向（宮崎県）の神話と日本海側の丹後半島の浦嶋子伝承が重なってくるのだろう。

ここで気になるのは、浦嶋子も山幸彦も、一度は海神の娘と結ばれながら、その後娘を裏切り、地上にもどったことである。彼らは「海」に恨まれていたのであり、「海」に呪《のろ》われる天皇という図式とそっくりである。

豊受大神が海の神であった理由

浦島伝説とそっくりな話は、豊受大神を祀る籠《この》神社にも残されている。その内容は次のようなものだ。

『丹後一宮籠神社縁起《たんごいちのみやこのじんじゃえんぎ》』には、籠神社の近くに竜宮城（仙宮）の入り口があって、あるとき、泳ぎの達者な者が海に潜って竜宮城に行ったという話、中国の秦《しん》の時代、霊薬を求めて旅立った者たちがいたが、結局蓬萊山は見つからず、人々は船の中で老いてしまったという話などなど、浦島太郎伝説を彷彿《ほうふつ》とさせる話が連なり、さらに、豊受大神をめぐる伝承も、濃厚に残されている。

『丹後一宮籠神社縁起』は、籠之大明神（豊受大神）が、日本第一の明神であったといい、またこの神が最初に現れた（影向《ようごう》）のは、与謝郡の天橋立《あまのはしだて》の松の梢《こずえ》のうえで、大きな籠のような形をし、光り輝いていたという。

さらに、同縁起は、神代《かみよ》のこととして、次のような伝承を残している。

あるとき八人の天女が降りてきて、粉河《こなかわ》という清流で水浴びをしていた。これを見たひとりの翁《おきな》（塩土老翁《しおつつのおじ》）が、ひとりの天女の羽衣を盗んでしまった。このため天女は天に戻ることができず、翁と夫婦となって、酒を造って暮らすようになったという。

さらに、この天女は、常に光を放ちながら虚空《こくう》を飛び、それはまるで鳥籠《とりかご》から光を放つようであったという。

このような籠神社の伝承に注目した理由は、豊穣の女神＝豊受大神が、「海」や「水」との接点を持っていたからである。丹後半島では、豊受大神が浦島伝説と接点を持ち、その浦島伝説は、蓬萊山や竜宮城とつながっている。どちらも海の彼方の想像上の楽園であり、「海」がなければあり得ない話である。

また、くり返すが、豊受大神と多くの接点をもつ浦嶋子は、海の女神に祟られる要素を持っていた。浦嶋子は、「海の呪い」を受ける者の象徴的な姿として語り継がれたのではあるまいか。

では、「祟る豊穣の女神＝豊受大神」が、なぜ「水」と関わりを持つのだろう。豊受大神と水を結びつけるひとつの要因は、「沐浴（神聖な水浴び、といったところか）」にある。水浴びしていたから水と関係がある、というだけではない。沐浴していた場所が問題なのだ。

豊受大神が最初に沐浴していたのは「真名井」だった。この「マナイ」は、「真渟《まぬ》名井《ない》（マヌナイ）」が、[manunawi→mannawi→manawi]と変化したもので、原義は「瓊《ぬ》の井」、つまり、「ヒスイ＝玉の泉」である。そして、この「ヒスイ」こそ、水の女神の呪具《じゆぐ》である。

稲は豊穣と祟りの象徴だった？

なぜ井戸や泉に「玉」が結びつくかというと、神聖な水は生命の源であり、この属性は「玉＝ヒスイ」につながるからであり、「ヒスイ」そのものが、水とは強く結びついているからである。

水だけではない。ヒスイは浦島伝説ともつながっている。

『万葉集』巻十三—三二四七に、次のような奇妙な歌が残されている。

渟名川《ぬなかは》の　底なる玉　求めて　得し玉かも　拾《ひり》ひて　得し玉かも　惜《あたら》しき　君が
老ゆらく惜しも

（大意）渟名川の底にある立派な玉。私がやっと探し求めて手に入れた玉。やっと見つけて拾った玉。このすばらしいあなたが年をとって行かれるのがほんとに惜しい。

（『日本古典文学大系6　萬葉集　三』岩波書店）

ここにある渟名川は長野県北安曇《きたあずみ》郡から新潟県糸魚川《いといがわ》市に流れる姫川をさしている。この川の底から得た玉とは、「ヒスイ」である。「ヌナカワ」の「ヌナ」は、「マナイ」「マヌナイ」の「ヌ＝瓊」で、「瓊」は「ヒスイ」をさしている。

奇怪なのは、「ヒスイの歌」の内容が、浦島太郎伝説をなぞっていることである。

豊受大神《とようけのおおかみ》と「水」の関係は？

豊受大神（豊穣の女神） ＝（接点が多い）＝ 浦嶋子《うらしまのこ》（浦嶋伝説） → 「海の呪いを受ける象徴」として伝承

豊受大神（豊穣の女神）
↓
沐浴場所

真名井《まない》 ＝ ヒスイ …水の女神の呪具
‖
原義は「瓊《ぬ》の井」

蓬莱山、竜宮城の秘宝がヒスイであり、その玉を得たにもかかわらず、浦島は歳《とし》をとってしまったわけである。

このように、「ヒスイ」は「水・海」と深くつながっているのだが、その理由は、ヒスイが水の中からとれる宝石だからである。

大雨が降り、川が増水すると上流からヒスイが湧《わ》き出るようにして流れ下り、人々はそれを川底や海底から拾う。すなわち、ヒスイは「水・海」から産まれる宝石であり、だからこそ、「水・海の神」のもたらす秘宝と考えられたわけである。

ヒスイ（硬玉）は縄文人が珍重し、その伝統は七世紀にかけて継承された。多くの天皇の名の中に「渟名＝ヌナ＝ヒスイ」の名が冠せられているところからも、いかに古代人が「ヒスイ」を重視していたかがわかる。

ヒスイは朝鮮半島にも「輸出」されたが、かの地では、冠につけられる「装飾」として用いられた。日本では装飾にとどまることはなく、「神」と直結する呪術の玉でもあったのだ。

豊受大神がヒスイの泉「真名井」で沐浴《もくよく》していたのは、豊受大神が「水＝海の女神」だったからだ。海幸彦・山幸彦神話で海神の娘が「豊玉姫」だったのは、豊穣《ほうじょう》をもたらす女神が、「海の玉＝ヒスイ」をもっていたからにほかならない。豊玉姫が山幸彦に授けた秘宝は「潮満瓊《しおみつのたま》・潮涸瓊《しおひのたま》」であり、これは「瓊＝ヒスイ」である。

ヒスイは「祟る海」「豊穣をもたらす海」を象徴している。だからこそ、縄文以来七世紀にいたるまで珍重されたのであり、祟る女神の伝説には、海の宝＝ヒスイが必ず登場したわけである。ここに稲城の秘密が隠されている。

あらためて述べるまでもないが、「豊穣をもたらす神」は、「祟る神」でもある。その「豊穣」とは「稲」に象徴されているのであって、裏返せば、「稲」は「祟り」から生まれた、という逆説が成り立つ。なんとなれば、「稲」は、水（水田）の中から生まれ、その「水」は「海」と通じているからである。

とするならば、「稲」とは、「豊穣」の象徴であるとともに、その裏側には「海の祟り」という要素が秘められていたのではあるまいか。つまり、「稲城の呪術」は、「海の祟り」＝「豊穣の女神の呪い」を象徴しているのであり、だからこそ「祟る王」でさえ、「海の呪い」に震え上がったのだろう。

海の呪術とつながる一族

このような「祟る稲」＝「海の呪術」という仮説については、次章の「祟る稲荷《いなり》」

の場面で再びふれようと思うが、ここでどうにも不可解でならないのは、なぜ「海（水や塩）」が、これほどまでに人々を震え上がらせたのか、という一点である。

それだけではない。「祟る海」は、「祟る王・天皇」さえ恐れたのである。いったいこれはなんだろう。

実をいうと、この謎《なぞ》こそが、日本の呪いと祟り、そして祟る王の秘密を握っているのだが、これを解き明かすには少し遠回りが必要である。

すでに触れたように、豊穣の女神は「ヒスイ」という呪具を海からもたらしていた。その「ヒスイ」は、日本列島の他の地域でもとれたが、縄文時代から、どうした理由からか、糸魚川市周辺のヒスイが珍重されたものだ。

それがいったいどうしてなのか、その理由は定かではない。わかっているのは、この秘宝を重視する信仰が、古墳時代を通じて継承されたにもかかわらず、八世紀に途絶えてしまったということである。

八世紀といえば、藤原氏台頭の時代で、「ヒスイの忘却」が「神道の抹殺《まっさつ》」と重なってくる事実を無視できない。

とするならば、海神の呪具・ヒスイの秘密を解き明かすことが、日本の呪いの根源を突き止めるヒントになってくるはずである。

さらに大切なのは、そのヒスイを解き明かす一族が存在することで、それが蘇我氏なのである。

六世紀に台頭した蘇我氏は、その後「ヒスイ」を独占するかのような動きを見せ、さらに八世紀の「ヒスイの死」を看取《みと》っている。

蘇我氏の拠点は奈良盆地の南側、飛鳥《あすか》から西側にかけての一帯だったが、大和三山の畝傍《うねび》山の西側の「曾我《そが》」と呼ばれる地域からは、ヒスイ工房が発掘されていて、糸魚川市周辺で採取された原石がここで加工されていたことがわかっている。当時、糸魚川市周辺のヒスイ加工が下火になり、その代わりに曾我遺跡での生産が増大している。しかも、ふたつの地域の加工技術がよく似ているところから、糸魚川市周辺の工人が曾我遺跡につれてこられた可能性が高いのである。

「曾我」が蘇我氏の強い地盤であったことは当然のことであり、ヒスイを蘇我氏が重視していたことが明らかとなる。

また、七世紀後半から八世紀にかけて、ヒスイはまったく見向きもされなくなるが、ヒスイは飛鳥の法興寺《ほうこうじ》（本元興寺《もとがんごうじ》・飛鳥寺《あすかでら》）と平城京の元興寺という蘇我氏ゆかりの寺の心礎《しんそ》に埋められていったのである。

物部氏と仏教導入をめぐって争い、先進の文物の導入にこだわった蘇我氏が、なぜ日本人の伝統的なヒスイを守ろうとしていたのだろう。

由緒正しい一族・蘇我氏

そこでしばらく、蘇我氏について、考えてみたい。これまでの常識をそのまま信じていては、蘇我氏の実像も、祟《たた》る水の意味もはっきりしないからだ。

さて、蘇我氏といえば、普通いいイメージはないし、渡来系という印象が強い。西暦六四五年、王家をないがしろにし、専横を極めていた蘇我入鹿《そがのいるか》は、中大兄皇子《なかのおおえのみこ》や中臣鎌足らのクーデターによって滅ぼされた。いわゆる乙巳《いっし》の変で、その後の政治改革が大化改新である。

蘇我入鹿暗殺の大義名分は聖徳太子の子・山背大兄王《やましろのおおえのみこ》の一族を滅亡に追い込んだことだと『日本書紀』はいい、蘇我氏が律令制度導入の邪魔になったとされている。

しかし、実際にはこれらが『日本書紀』の捏造《ねつぞう》記事であったことは、拙著『蘇我氏の正体』（新潮文庫）の中で述べた通りだ。また、蘇我氏が渡来系という指摘も、明確な証拠もないまま、通説化されてしまったものにすぎない。

『日本書紀』は蘇我氏を潰《つぶ》して権力を勝ち取った藤原氏（中臣鎌足の子孫）の強い意

向で書かれていたのだから、藤原氏は蘇我氏を「悪の権化《ごんげ》」に仕立て上げる必要があった。その一方で、『日本書紀』は蘇我氏の出自をうやむやにしてしまった。彼らの祖を明示しなかったのだ。

これは、蘇我氏の先祖が怪しげな人物だったからと考えるよりも、記録できないほど正統な人物であったと考えた方がわかりやすい。すなわち、蘇我氏を悪役に仕立て上げるには、その祖とかつての活躍が邪魔になったということだ。これに対し、『古事記』は蘇我氏の祖が建内宿禰《たけのうちのすくね》（『日本書紀』にも武内宿禰は登場するが、蘇我氏の祖とは記されていない。以下混乱を避けるため武内宿禰と記す）だったと証言している。

『古事記』によれば、武内宿禰は第八代孝元《こうげん》天皇の孫（『日本書紀』は曾孫《そうそん》）にあたる人物で、伝説上の人物とされている。その理由は明らかで、景行《けいこう》、成務《せいむ》、仲哀《ちゅうあい》、応神《おうじん》、仁徳《にんとく》天皇の忠臣として仕え、『公卿補任《くぎょうぶにん》』には、「在官二四四年、春秋《しゅんじゅう》二九五年」と、三百歳近い長寿を全《まっと》うしたとされているからだ。

怪しい伝承にまみれた人物ならば、実在しなかったと斬《き》りすてるのが史学界の良識だから、当然武内宿禰は「歴史ではない」とされたわけである。また諸々の伝説は、後世の為政者の都合のいいように捏造されてきたものだという。つまり、成り上がりの蘇我氏が専横を極めた時点で、自家の伝承を定着化させた、ということになろうか。

これでは、貴重な史料をゴミ箱に捨ててしまうことになりかねない。

もちろん、武内宿禰が三百歳近い寿命を全うしたというお話を信じろ、というのではない。ただ、なぜ武内宿禰に限って、常識では考えられないような長寿であったという設定を必要としたのか、そういう疑問を持っても罰は当たるまい。

さらに、三百歳の長寿と聞いて、思い当たる節がある。三百年の時空を飛び越えた浦島太郎伝承であり、実際に武内宿禰と浦島太郎の間には、わずかな接点が見いだせるのである。

豊受大神と蘇我氏の不思議なつながり

蘇我氏と密接なつながりをもっていた古代豪族に尾張氏がいて、尾張氏の枝族である海部《あまべ》氏は籠《この》神社の祝部《はふりべ》であった。籠神社は浦島太郎伝説の本場であり、また、豊受大神を祀っていたことはすでに述べた。尾張氏が豊受大神や浦島太郎と関係を持っていたのは、偶然ではなさそうだ。尾張氏と強くつながっていた蘇我氏そのものが、豊受大神や浦島太郎と無関係ではないからだ。

『万葉集』は浦島太郎のふるさとを「墨江《すみのえ》(住吉)」と詠《うた》ったが、住吉大社の神官を代々務めた津守《つもり》氏は、尾張系豪族である。

日本を代表する海神・住吉大社の祭神は底筒男命《そこつつのおのみこと》・中筒男命《なかつつのおのみこと》・表筒男命《うわつつのおのみこと》だが、別名を塩土老翁《しおつつのおじ》といった。塩土老翁は豊受大神をさらった神として知られるが、また、海幸・山幸神話の中で、兄の釣り針をなくし困窮する山幸彦を籠《かご》に乗せ海神の宮に誘った神でもある。籠は「亀甲紋」であり、浦島が乗った亀も「亀甲紋」なのだから、両者には接点がある。

この塩土老翁と豊受大神の微妙なつながりは、神功皇后と蘇我氏の祖・武内宿禰の関係と重なってくる。

武内宿禰は神功皇后を補弼《ほひつ》し、新羅征伐を成功に導いたのち、神功皇后の子・応神の手を取って、敵地・ヤマトに乗り込んでいる。ここに登場する神功皇后は、どうした理由からか「トヨ」なる女神や地名と接点を持ち、また、豊受大神とつながる塩土老翁は、神功皇后とつながる武内宿禰の姿にそっくりだ。

『日本書紀』に従えば、神功皇后は豊浦宮《とゆらのみや》（山口県下関市）にいたとき、海神から潮の満ち引きを自在に操る「如意珠《にょいのたま》」をもらい受けたというが、これは、山幸彦が海神の娘豊玉姫からもらった潮満瓊・潮涸瓊と同じである。このように、蘇我氏の周辺には、「海の呪術《じゆじゆつ》」が満ちている。

なぜこのような伝説に注目するのかといえば、実に不可解なことなのだが、七世紀の飛鳥で全盛期を迎えた蘇我氏は、浦島太郎と豊受大神、武内宿禰と神功皇后の伝承をなぞっていた疑いが強いからなのである。

どういうことか、説明をしよう。

神功皇后が如意珠を手に入れたのは「豊浦宮」だったが、七世紀の蘇我氏全盛期の女帝・推古《すいこ》天皇の宮の名も「豊浦宮」であった。豊浦宮は豊かな港の宮、あるいは「トヨ」の港の宮の意で、「海」にまつわる地名であり、内陸部の飛鳥の宮の名にはふさわしくない。それをあえて使用したのならば、七世紀の飛鳥の朝廷が「海」を意識し、しかもその「海」は、神功皇后が海神から如意珠をもらい受けた神聖な「海」にほかならない。

推古天皇の和風諡号《しごう》は豊御食炊屋姫《とよみけかしきやひめ》で、「トヨ」と「御食」という意味深長な名をもつ。

トヨも御食も、どちらも豊穣の女神を暗示し、「トヨ」は推古天皇だけではなく、聖徳太子の豊聡耳皇子《とよとみみのみこ》など、蘇我系の皇族の名に用いられている。蘇我氏全盛期の飛鳥の朝廷には、他の時代に見られない例外的な形で、「トヨ」が氾濫《はんらん》しているのである。

また、時の権力者で推古天皇を強力に後押しした蘇我馬子の別名に「嶋大臣《しまのおおおみ》」があって、「豊浦の嶋大臣」は、「浦の嶋」であり、武内宿禰に似ていた浦島太郎の「浦嶋子」によく似ている。

これはいったい何を意味しているのだろう。

蘇我氏の正体を明らかにする物部氏

蘇我氏が太古の日本の信仰を象徴していた「ヒスイ」を守り、ともに滅びたというのは大きな謎である。なにしろ、蘇我氏は日本的な信仰を破壊したとこれまで信じられてきたからである。

しかし、実態は、必ずしもそうではなかったようだ。それを明らかにするのが、物部氏である。

蘇我氏に滅ぼされたはずの物部氏は、どうした理由からか、実際には蘇我氏と深くつながっていた気配がある。というのも、物部系の伝承『先代旧事本紀《せんだいくじほんぎ》』の中で、蘇我氏は悪く描かれていないからだ。

古代最大の豪族物部氏は、日本各地に私有地を所有していたが、物部の土地の多くが、台頭した蘇我氏によって蚕食されている。

蘇我氏は物部守屋一族を滅亡に追い込み、仏教を強引に導入し、物部の土地を奪った。しかも『日本書紀』は蘇我氏を悪の権化と決めつけているのだから、誰憚《はばか》ることなく、物部氏は蘇我氏を非難することはできたのである。

ところが、『先代旧事本紀』は、物部守屋が蘇我馬子に滅ぼされた事件そのものを無視し、さらには、物部守屋が物部本流ではなかったとしている。すなわち、『日本書紀』はあたかも物部守屋の滅亡によって物部氏は衰弱したかのように記録したが、実際には、物部氏自体は泰然と安寧を保っていたかのような書きぶりなのだ。それどころか、天下の大悪人、蘇我入鹿が「物部腹《もののべばら》」であることを、誇らしげに記録しているのである。

七世紀の物部氏と蘇我氏の繫《つな》がりの強さについては、『日本書紀』もある程度認めている。物部守屋が滅ぼされ、蘇我氏は邪魔者がいなくなったが、このとき蘇我馬子は、物部出身の妻の財力を利用した、というのだ。これは、各地の物部の土地を蘇我氏が蚕食していた実態に符合する。

しかし、これを掠奪《りやくだつ》と見るか、それとも共存、あるいは物部と蘇我の共闘と見なすかで、歴史観は大きく異なってくる。

蘇我氏が仏教導入を強力に推し進めたことは確かだろう。一方で、蘇我氏は太古から続く日本の秘宝・ヒスイを守り続けている。さらに、物部守屋を滅ぼしたのちも、神道は日本から駆逐されていない。ここから仏教と神道はうまく棲《す》み分けを果たし、また、のちに神仏習合という形で融合した。すなわち、蘇我氏の態度は、仏教をもう一柱の神として受け入れるという多神教的な発想に基づいたものであり、基本は「神道的」な体質そのものである。

これに対し物部氏は、仏教を受け入れているのだから、物部と蘇我は、七世紀に強い絆《きずな》で結ばれていた可能性は高いのである。

そこで問題となってくるのは、なぜ『日本書紀』は物部と蘇我を犬猿の仲に描いたのか、ということである。

蘇我氏と神道のつながり

そこで注目されるのが蘇我氏の祖・武内宿禰《たけのうちのすくね》である。

武内宿禰は実に個性的なキャラクターなのだが、その中でも際立《きわだ》っているのは、神と人の媒介者だった、という点である。

神功皇后が熊襲《くまそ》の反乱に際し九州に赴いたときのこと、神が神功皇后に取り憑《つ》き、神託を降《くだ》した。その言葉を仲介したのが武内宿禰であり、武内宿禰は巫覡《ふげき》の要素を持っていたわけである。

出雲の国造《くにのみやつこ》が新任されるに際し、都に出向いて奏上する『出雲国造神賀詞《いずものくにのみやつこのかむよごと》』には、蘇我氏の地盤・飛鳥周辺に、言代主神《ことしろぬしのかみ》（事代主神）や賀夜奈流美命《かやなるみのみこと》といった出雲を代表する神々が王家の守り神となるべく、出雲からやってきたとある。

蘇我氏と神々のふるさと出雲の間には、奇妙なつながりがある。

出雲大社の真裏の出雲の祖神・素戔嗚尊《すさのおのみこと》を祭る神社の名が素鵞社《そがのやしろ》で、この名の由来は素戔嗚尊の最初の宮「須賀」にあり、「スガ」が音韻変化して「ソガ」になったものと思われる。また「須賀」は「宗賀」とも書き、「宗賀」は「ソガ」とも読む。

七世紀、蘇我氏は方墳《ほうふん》の造営を特権化していたが、唯一《ゆいいつ》出雲国造家《こくそうけ》だけは例外だった。もともと「方墳」は出雲の地で顕著な埋葬文化だった。なぜ蘇我氏は方墳を独占し、誇示したのであろう。

すでに触れたように、蘇我氏の祖は『日本書紀』によって抹殺《まっさつ》されていた。それは、蘇我氏が怪しげな一族だったからではなく、むしろその逆で、記録に残せないほど正統な一族だった。では蘇我氏は何者なのかといえば、「出雲」ではあるまいか。

三世紀の纒向《まきむく》（奈良県桜井市）には、吉備《きび》、出雲、東海、北陸の土器が集まり、これらの首長層の合意のもとに、ヤマトが建国された。その中でも出雲や吉備の影響力が強かったのだから、蘇我と出雲の関係を無視することはできない。

蘇我氏が日本古来からの神宝であるヒスイを守り続けたのは、彼らが仏教導入によって日本を近代化しようと目論む一方で、神道の庇護者《ひごしゃ》だったからだろう。その裏側の事情を、『日本書紀』は抹殺し、さらに蘇我氏の素性を隠匿《いんとく》したと考えられる。

蘇我氏は正統な一族であり、『日本書紀』がこの事実をできる限り隠そうとしたのは、『日本書紀』編纂《へんさん》の中心にいた藤原氏が蘇我氏を滅ぼし、過去の宗教観を塗り替えることで権力を握ることができたからにちがいない。

藤原氏がヒスイを抹殺したわけ

このように見てくれれば、七世紀の蘇我氏の没落と八世紀の藤原氏の台頭によってヒスイが捨てられてしまった理由がはっきりとしてくるのである。すなわち、それまで「ヒスイ＝日本の伝統的な信仰形態」を守ってきた蘇我氏や物部氏が没落したことによって、藤原氏が新たな信仰を創作してしまったということにほかなるまい。そして、そのために編まれた歴史書が『日本書紀』だったわけである。

しかし、蘇我氏や物部氏といった神の氏族の呪《のろ》いは、その後の為政者を苦しめていくことになる。

盤石な基盤をもっていた蘇我氏と物部氏が、七世紀の半ばから八世紀の前半という、刹那《せつな》の間に衰弱してしまうのは、藤原氏による血の粛清が行われたからである。

その行為が残虐《ざんぎゃく》で卑劣で無道なほど、滅びた者の恨みは深く、後世に禍根《かこん》を残し、藤原氏は祟《たた》りに脅《おび》えたはずである。実際、乙巳《いっし》の変の蘇我入鹿暗殺ののち、ヤマトには笠をかぶった怪人が空を飛び回り、入鹿暗殺の現場に居合わせた斉明女帝（皇極天皇）の身辺に不可解な鬼火が現れ、近習の者がばたばたと死に、自らも病没してしまう。そしてその葬儀の様子を、笠をかぶった鬼が覗《のぞ》いていたという。

『日本書紀』はこの笠をかぶる鬼の正体を明かしていないが、『扶桑略記《ふそうりやつき》』は豊浦大臣《とゆらのおおおみ》であったといっている。豊浦大臣とは、乙巳の変で滅ぼされた蘇我蝦夷《そがのえみし》の名とも、蘇我入鹿の名ともいわれている。

すでに触れたように、乙巳の変でクーデターの主犯であった中臣鎌足にも不可解な事件が起きている。

死の直前、中臣鎌足の館に落雷があったと『日本書紀』は記録している。一国の正

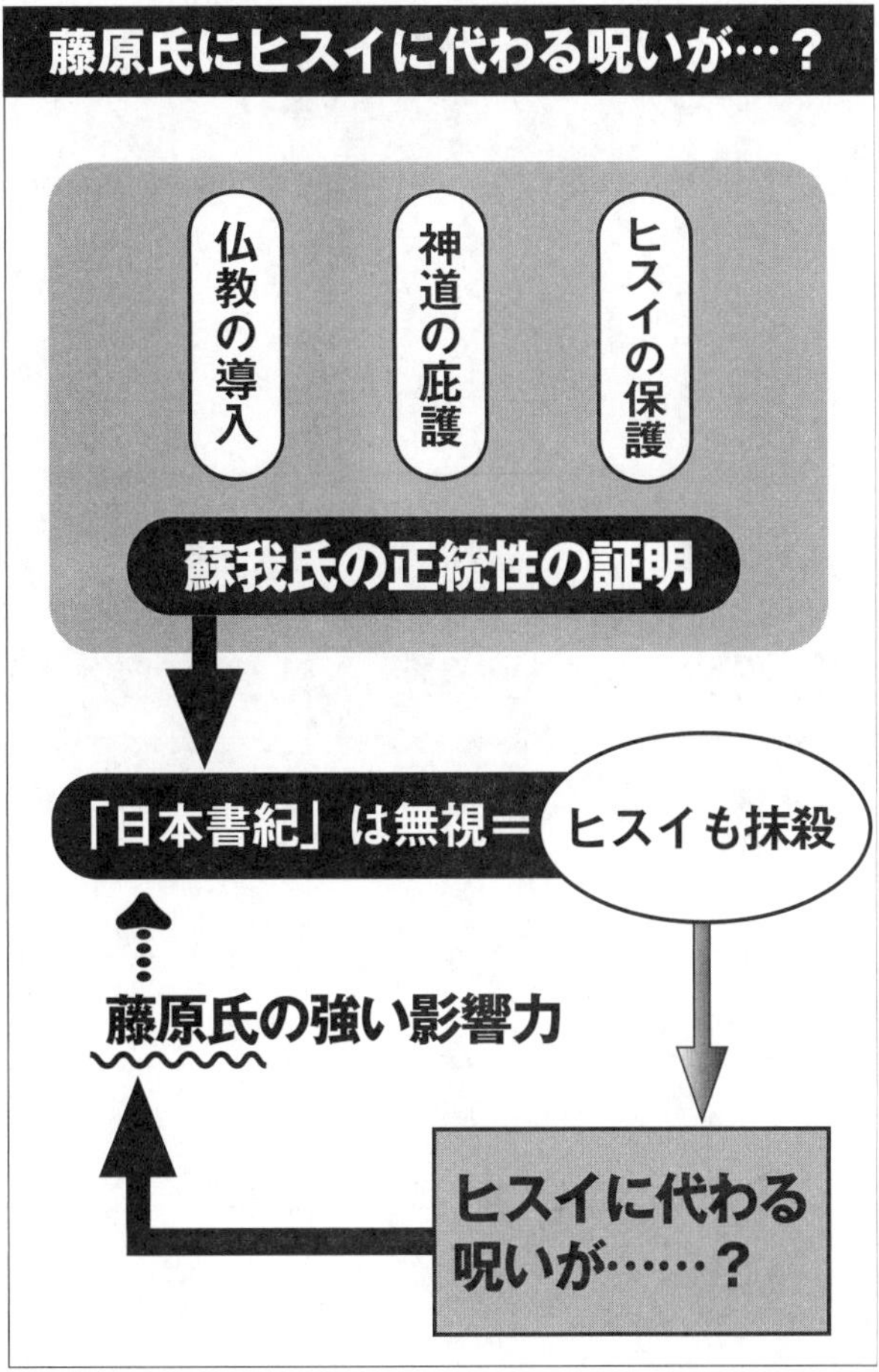
藤原氏にヒスイに代わる呪いが…？
仏教の導入
神道の庇護
ヒスイの保護
蘇我氏の正統性の証明
「日本書紀」は無視＝
ヒスイも抹殺
藤原氏の強い影響力
ヒスイに代わる
呪いが……？

史がたんなる落雷を特記しているのは、落雷が古来祟りの証《あかし》と考えられていたからであろう。

藤原氏はこののちも権力の座に居座るために、はてしない闘争をくりかえした。そのたびに、政敵は滅ぼされ、だからこそ藤原氏は祟りの報いを受けることとなる。

こうして、海の呪いとヒスイがつながっていたこと、そのヒスイは七世紀の蘇我氏とつながり、蘇我氏を滅亡に追い込んだ藤原氏は、太古の呪具に呪われていったという図式が浮かび上がってきたのである。

藤原氏は、自らの手で殺した者たちの怨霊《おんりょう》に震え上がっていくのである。そして、その象徴となる呪具がヒスイであるから、彼らはヒスイを抹殺したわけである。

ヒスイを抹殺し、祟る者を封じ込めたことで、藤原氏は安堵《あんど》したに違いない。だがここから、ヒスイに代わる呪いが、彼らを苦しめていくことになる。それがなんであったのかといえば、ひとつはすでに触れた修験道《しゅげんどう》であり、またもうひとつ大切な信仰は稲荷信仰であったように思われる。

なぜここで唐突に稲荷信仰が飛び出すのか。その理由は次章で探ってみよう。

第3章　全国に広がった稲荷信仰と水の祟りの関係

高知県物部《ものべ》村に残される呪術

呪《のろ》いや鬼を大真面目《おおまじめ》に取りあげ、民俗学を一躍陽の当たる場所に引き出した文化人類学者が小松和彦《こまつかずひこ》氏である。『鬼がつくった国・日本』や『日本の呪い』（どちらも光文社刊）といえば、民俗学に興味のない方も本屋で見かけたことぐらいはあるだろう。安倍晴明《あべのせいめい》を世に広めた功績者のひとりが、この人物でもある。

小松氏の著作の中でもうひとつ有名になったのは、高知県の物部川の上流、霊峰剣山《つるぎさん》南麓《なんろく》に位置する香美《かみ》市物部村で、この地にはいまなお、呪いの信仰「いざなぎ流」が残されている。

陰陽道の流れをくむいざなぎ流の祈禱師《きとうし》たちは「太夫《たゆう》」と呼ばれ、「祭文《さいもん》」という祭儀に使う宗教的物語をもっていて、人々を苦しめる災厄《さいやく》・不幸、病気の原因を突き止め、呪術《じゅじゅつ》を駆使するのだという。

物部村の人びとは、病気がなかなかなおらないとき、もしその原因が祟《たた》りでないとすれば、「ひょっとしてこの病気はすそがかかっているのではないか」という疑いをいだく。つまり、自分たち（病人とその家族）に対して悪意・敵意をもっている人間がいて、その人間の感情がなんらかの形で神秘的な力を発動させ、そのために病気が生じたのではないか、と考えるのだ。（『日本の呪い』）

これはひとつの例だが、物部村の「呪いの信仰」の根強さが伝わってくる。科学文明にどっぷりと漬かった日本にも、いまだにこのような信仰をもった地域が残されていたのである。

ところで、筆者は古代史の著書の中で、たびたび「物部氏」について書いているので、編集者の中には、「高知の物部村についてどう考えていますか」と尋ねてくる方がいる。古代最大の豪族・物部氏と高知の物部村は、何かつながりがあるのか、ということだろう。物部氏が日本の信仰形態の基礎を築いたと主張しているのだから、当然の質問である。

関係がまったくないわけではない。

かつて物部村のあった高知県香美郡の郡司《ぐんじ》には物部系の豪族（物部《もののべ》鏡連《のかがみのむらじ》）が任じられ、またこの地域には宗我部《そがべ》も進出し、物部氏と蘇我氏の影響が強かった地域といえる。だからこそ、加美郡を流れる川を、物部川と称するようになったのであろう。

ただし、物部村の信仰形態と物部氏につながりがあるのかといえば、不明というほかはない。八世紀に物部氏が没落し、下野した人々の中に、修験道《しゅげんどう》的な山の信仰の中に新たな活躍の場を見出していった祈禱師たちがいたことも確かだろう。しかし、直接物部村と結びつく証拠が存在するわけではない。

だから、物部村の化石のような信仰形態には興味を覚えるが、これを物部氏とつなげようとは思わないし、祟りの本質を知るうえで、重要な手がかりとなるわけではない。

それよりも、もっと身近で日本人の信仰の根源を知るための貴重な素材がある。

それが、どこの街角にもある稲荷神社なのである。

稲荷神社は民家、商家、その他ありとあらゆる場所に勧請《かんじょう》されている。

また、家の主が移転したり亡《な》くなって祀《まつ》る者がいなくなっても、祠《ほこら》は捨てられず守られる。その土地を手に入れた者が、祭祀《さいし》を継承するのである。なぜなら、お稲荷様の祟りが恐ろしいからである。理由のない「不気味で漠然とした恐ろしさ」があって、祠を壊すことはできないのである。

これは不思議なことだ。人々はしきりにお稲荷様を求めるが、これを潰《つぶ》すことは、憚《はばか》られるのである。しかも、なぜそうなのか、理由がはっきりしないのである。これはどこか、「天皇」の恐ろしさと相通ずるのではあるまいか。

なぜ稲荷神は増殖するのか

ところで近ごろ、町中で犬の糞《ふん》を踏むことが少なくなった。かつては飼い犬の糞を持ち帰るなどとお行儀のいい潔癖な習慣はなかったから、いたるところでちょっとした惨劇に見舞われたわけだ。

近世の江戸の町では、この犬の糞とともに名物だったのが、「稲荷」である。街のあちこちに稲荷の祠が建てられ、その数はまさに犬の糞ほどあったということらしい。有名な川柳《せんりゅう》に

町内に　伊勢屋　稲荷に　犬の糞

というものがある。「い」の字を頭にそろえたしゃれでもあるが、実際に伊勢地方の商人は大勢江戸に押しかけていたし、稲荷の祠も多かったのである。

現在でも、「稲荷社」の数は三万以上にのぼり、日本中の神社の中で、八幡社と稲

荷社だけで、過半数を占めている。

宇佐《うさ》八幡、伏見《ふしみ》稲荷、どちらの神社も渡来系の秦氏《はた》の強い影響下にあったから、これを秦氏の古代史に占めた役割の大きさとする考えもあるが、ことはそう単純ではない。宇佐八幡（大分県宇佐市）と伏見稲荷（京都市伏見区）の人気の高さには、複雑な要因が秘められているからだ。

まず第一に、稲荷の社が増殖し、その数を維持される理由があった。

すでに触れたように、一度祠がつくられれば、よほどの理由がない限り、廃《すた》れることはなかったのである。

その理由は簡単で、稲荷は豊穣《ほうじょう》の神であるとともに、祟る神だったからである。稲荷の祠をぞんざいに扱えば、恐ろしい目に遭うのであり、逆に丁重に祀れば、家内安全、商売繁盛が約束されると信じられてきたのである。

もっとも、これは稲荷の祠の数が減らない理由であって、増える理由ではない。稲荷の信仰が隆盛したのは、ひとつの理由に、伏見稲荷に関わった修験者の活躍があげられよう。

伏見稲荷から直線距離で二・五キロほどの京都の東寺《とうじ》と伏見稲荷は深い関係を維持していて、弘法大師信仰と稲荷信仰の広がりが重なっていることが注目される。

要するに、密教系（東密《とうみつ》）の修験者の活躍が、伏見稲荷信仰の発展に大きく寄与したことは確かなようである。

とは言っても、稲荷信仰が受け入れられる素地が、民衆の方にもあったことが大切で、その根源がいかなるものなのかを見極める必要があるはずだ。それほど、稲荷信仰の広がりは大きく、また、根は深いのである。

稲荷神と白鳥（餅《もち》）のつながり

伏見稲荷の成立を述べたもっとも古い文献は、『山城国風土記《やましろのくにのふどき》』逸文《いつぶん》で、そこには、おおよそ次のような記述がある。

伊奈利《いなり》（稲荷）と称するようになったいわれは、次のようなものだ。秦中家《はたのなかつえのいみき》忌寸らの遠祖・伊侶巨《いろこ》（伊侶具《いろぐ》）の秦公《はたのきみ》は、稲や粟《あわ》を積み、富を蓄え裕福だった。あるとき餅を的にしてこれに矢を射かけたところ、餅は白い鳥になって飛び去り、山（稲荷山）の峯《みね》に降りた。すると、白い鳥は稲となって実った。そこでここに社を築き、神社の名にした。伊侶巨の末裔《まつえい》は、先祖の過《あやま》ちを悔いて、社の木を根っこごと引き抜き、家に植えて祀った。いま、その木を植えて根付けば福が舞い込み、枯らせてしまえば福が来ないと伝わっている、というのである。

これとそっくりな話は、九州に伝わっている。『豊後国風土記《ぶんごのくにのふどき》』に、次のようにある。

豊後の国は、もと豊前と合わせてひとつだった（豊国《とよのくに》）。第十二代景行《けいこう》天皇は豊国直《とよくにのあたい》の祖の「菟名手《うなで》」なる人物に豊国を治めさせたという。

あるとき菟名手は、豊前国の中津郡（福岡県行橋《ゆくはし》市付近）で北の方角から飛来した白鳥を見つける。さっそく人をやって白鳥の様子を探らせると、白鳥は「餅」になったという。しばらくすると、その餅から里芋の芽が出て花を咲かせ、葉を茂らせた。

その里芋は冬になっても枯れることはなく、菟名手はこれを瑞兆《ずいちょう》と感じ朝廷に報告した。喜んだ天皇は、

「それは神からの賜り物で豊草《とよぐさ》である。だからあなたが治める国も豊国というように」

と命じたという。そこで菟名手に「豊国直」の名を授けたのである。つまり「豊国」の名は、白鳥のもたらした富によって命名されたことになる。

『豊後国風土記』の白鳥にまつわる話はこれだけではない。同国国埼《くにさき》郡の西南の田野《たの》（九重《ここのえ》町）に、肥沃《ひよく》な土地があったという。その昔、ここの百姓が、あまりに米がで

きるので慢心し、おごり高ぶって、餅をつくりそれを的にして矢を射かけていた。するとその餅は白鳥になって南の空に飛んでいってしまったという。この年、百姓は亡くなり、田は荒れ果ててしまったという。

『豊後国風土記』逸文にも似た話がある。

豊後国の球珠《くず》の郡（九重町）に、その昔、大分郡の人がやってきて、家をつくり田を耕した。家は富んで、楽しいことばかりだった。

あるとき酒を飲んで戯《ざ》れ事にと、餅を的に矢を射かけると、その餅は白鳥になって飛び去ってしまった。それから先、家は衰えて、男は発狂して亡くなったというのである。

これらの話に共通しているのは、白鳥と餅が「富」「豊穣」を象徴していることで、餅（白鳥）を大事にすれば家や国が栄え、逆に虐《しいた》げれば、家や国が傾く、ということになる。白い鳥を主人公にしていることは、実に暗示的である。というのも、豊受大《とようけのおお》神《かみ》は天の羽衣を着て天空を自在に飛び回る天女であり、天の羽衣は白い鳥に結びつく。そして、豊受大神が豊穣の女神であったように、白い鳥（餅）も豊穣の女神であり、だからこそ、これを祀らなければ、恐ろしい祟りにあうというわけである。

稲荷神はなぜ祟るのか？

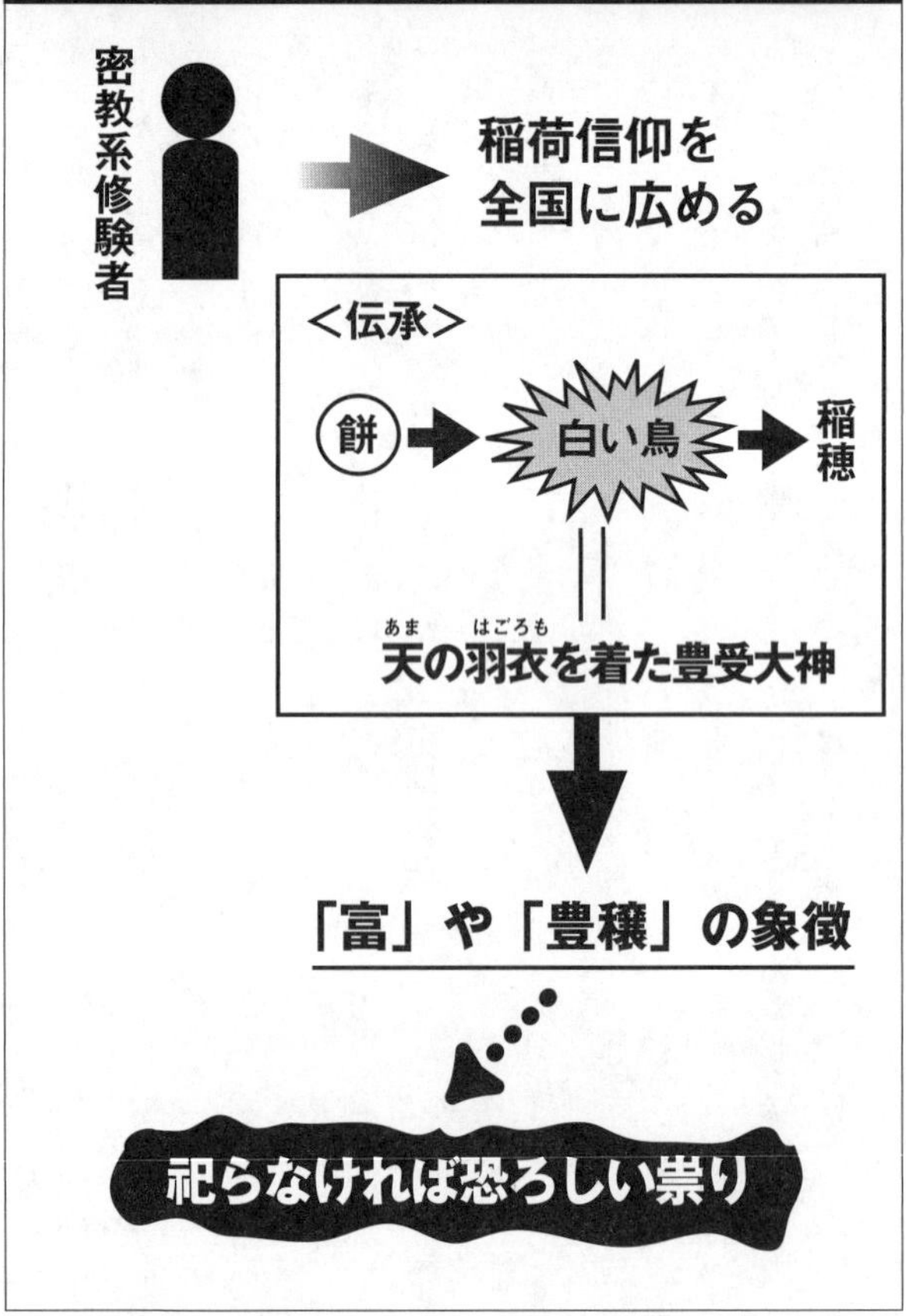
密教系修験者
稲荷信仰を
全国に広める
＜伝承＞
餅
白い鳥
稲穂
天《あま》の羽衣《はごろも》を着た豊受大神
「富」や「豊穣」の象徴
祀らなければ恐ろしい祟り

稲荷信仰と秦氏の重要性

稲荷信仰の端緒に、豊穣の女神の姿が見え隠れする。そして、このような信仰を始めたのが秦氏であったところに問題のひとつが隠されている。というのも、山城同様、豊前・豊後の件《くだん》の白鳥伝説の地にも、秦氏が強い地盤を持っていたからである。このような伝説を、もし仮に秦氏が喧伝《けんでん》したのだとすれば、それは秦氏が伏見稲荷の禰宜《ねぎ》や祝《はふり》を務めていく正当性を得る目的があったからだろう。

秦氏と稲荷の関係を結びつける史料は『日本書紀』にも見られる。

欽明《きんめい》天皇即位前紀には、次のような話が載る。

欽明天皇がまだ幼かったときのこと、夢に人が現れて、次のように語ったという。

「もし秦大津父《はたのおおつち》なるものを寵愛《ちょうあい》すれば、あなたは成人したのち天下を掌握するに違いありません」

そこで人を遣わして探させると、山背国《やましろ》の紀郡《きのこおり》の深草里《ふかくさのさと》（現在の京都市伏見区深草）で夢の通り大津父を見つけたのだった。大喜びした欽明は、さっそく大津父を呼び寄せ、最近何か変わったことはなかったかと問いただした。すると大津父は、

「特にこれといって変わったことはありませんでしたが、私が伊勢に商売に行って帰ってきたとき、山（稲荷山）に二匹の狼《おおかみ》が闘って血まみれになっていました。そこで馬から下りて口と手を洗い『あなた達は貴《とうと》い神で、だから荒々しいことを好まれるが、もし狩人《かりゅうど》に出くわせば、搦《から》め捕られてしまいますよ。だからはやく争いをおやめなさい』と言い、間に入って血の付いた毛を拭《ふ》き取ってやりました。狼はこれで、助かったのです」

と答えた。天皇は、夢は間違っていないと直感し、大津父を厚遇し、国も栄えた。そこで即位してのち、大津父に大蔵《おおくら》の管理を任せた、というのである。

秦氏の古代史に果たした重要性は、近年とみに指摘されているが、ただ、この一族の実態は、なかなかつかみにくい。その理由のひとつは、秦氏の「本宗家《ほんそうけ》」というのが、アメーバのように移り変わっているからで、この一族は、「血筋」ではなく「時の実力者」が氏族の中心に立っていたのである。それというのも、この一族が、政治的な集団ではなかったからだ。「経済的利害」を求め、組合的に団結した集団であったと考えると判《わか》りやすい。

秦氏といえば、養蚕《ようさん》を思い浮かべ、土地に定着した農民という印象があるが、彼らはむしろ、技術者であり、また、商業の民と考えた方が実態に近い。五世紀ごろ新羅《しらぎ》

（あるいは伽耶《かや》）から集団で渡来した彼らは、異国の地で生き残るために、便宜上「秦」を名乗ったのであって、ひとりの始祖から枝分かれした氏族ではなかった可能性が高い。

それはともかく、秦氏は都が奈良盆地にあった時代から山城（山背）に着々と地盤を築き、平安京遷都《せんと》後、かつてない繁栄を築いた一族であり、稲荷信仰の担《にな》い手となっていったことは確かなのである。

たとえば七世紀、聖徳太子の子・山背大兄王《やましろのおおえのみこ》の一族（上宮王家《じょうぐうおうけ》）は蘇《そ》我入鹿《がのいるか》に滅ぼされたが、このとき一度生《い》駒《こま》山に逃れた山背大兄王に対し、次のように進言した者がいた。すなわち「深草屯倉《ふかくさのみやけ》に逃れ挙兵すれば、勝利は間違いありません」というのだ。「深草」は先に登場した秦氏の地盤である。「屯倉」は天皇家の直轄《ちょっかつ》領で、屯倉はその土地の有力豪族が管理することになっているから、深草屯倉と秦氏のつながりは強かったはずだ。そして、『日本書紀』の証言するように、この地の秦氏が、蘇我氏の攻撃に耐えうるだけの力をもっていると当時信じられていたとすれば、すでに欽明《きんめい》天皇の時代（六世紀）から七世紀にかけて、秦氏は山城で稲荷神を祀っていた可能性は高くなる。

稲荷信仰と土着信仰のつながり

それでは、稲荷信仰そのものが、秦氏のものかというと、もともと土着の信仰があってこれに秦氏が乗っかったと見た方が自然である。

たとえば、稲荷山は三つの峰からなるが、それぞれの峰に、前期の古墳がつくられ、二神二獣鏡《にしんにじゅうきょう》や変形四獣鏡《へんけいしじゅうきょう》といった副葬品《ふくそうひん》が埋納されている。このことから、秦氏渡来以前の四世紀後半、すでにこの地域が聖域と捉《とら》えられ、祖霊信仰《それいしんこう》の対象になっていたと考えられる。また稲荷山には、「お塚《つか》」と呼ばれるおびただしい数の「石」が祀られ、しかもその中にはストーンサークル状に配置されたものもある。縄文時代に遡《さかのぼ》る古い信仰を連想させる。

ところで、稲荷大社を祀った秦氏は、太秦《うずまさ》に陣取る秦氏の分家筋とされ、その本家筋に当たる秦氏は、松尾大社（京都市西京区）を祀っている。

この松尾大社の祭神は大山咋神《おおやまくいのかみ》と市杵嶋姫神《いちきしまひめのかみ》で、比叡《ひえい》山の日吉大社と深く結びついている。その大山咋神は、比叡山の地主神で、山城のもうひとつの雄族・賀茂《かも》（鴨）氏の祀る神だ。秦氏は上賀茂・下鴨神社と松尾大社を併せて「秦氏の奉斎する三所大明神」と唱えているが、これは土着の賀茂氏（県主《あがたぬし》）と渡来系の秦氏が姻戚《いんせき》関係を結ぶことで成立したものである。

すなわち、秦の本家筋が祀る松尾大社でさえ、本来秦氏の氏神ではなかったことになる。ここでも秦氏は土着の信仰に乗っかっているわけで、稲荷信仰の根源にも、やはり土着の信仰を想定せざるをえないのである。

ちなみに、稲荷大社の神官には秦氏のほかに荷田《かだ》氏がいて、彼らは「稲荷の神」が祀られる以前に稲荷の山に住んでいた竜頭太《りゆうとうた》の末裔であると唱えている。

稲荷大社の社伝のひとつ『稲荷大明神縁起』には、おおよそ次のようにある。

古老が言い伝えるには、和銅年間以来、稲荷山の三の峯《みね》の竜頭太は、当山の麓《ふもと》に庵《いおり》を結び、昼は田を耕し夜は薪を切り出すことを生業《なりわい》にしていた。顔は竜のようで、顔の上から光を放っていて、夜でも昼のようだった。人はみな竜頭太と呼んだが、稲を背負っているから姓は荷田氏といった。

弘法大師がこの山で修行を積んだとき、竜頭太に出会い、竜頭太は、「私はこの山の神で仏法を守護しようという願いがある。だから私に真言の法を授けてほしい」といった。そこで、弘法大師は竜頭太を敬い、御神体としたという。

つまり、竜頭太は異形《いぎよう》のもので、読んで字のごとく、頭が竜で、光を発するのだという。「太」は蛇であり、また「竜」も蛇の神格化した想像上の動物なのだから、これは三輪山信仰とよく似ている。秦氏の進出よりもはやく「蛇」が稲荷山の神であったという伝承は重要である。「蛇」は縄文時代以来の信仰の歴史をもっているからであり、蛇は原始の信仰形態の象徴でもあるからだ。

稲荷信仰に関してもうひとつ付け加えておきたいのは、稲荷山の土には霊力があると信じられていたことだ。稲荷大社から持ち帰った土を田畑に撒《ま》くと、五穀が実ると信じられ、十六世紀後期以来稲荷大社でかつて盛んにつくられ土産として売られていた土細工（伏見人形）は、色気に満ちた形をしていたが（いまでいう大人のおもちゃのようなもの）、その中でも男根をかたどった土細工を求めた参詣客《さんけい》は、帰り道にわざとぶつけ合って壊して遊んだのだという。

また、稲荷の土細工や土人形は参詣者によって日本全国に持ち帰られ、しかも、その人形が壊れたら、田畑や家のまわりに撒き、五穀豊穣《ほうじょう》を祈願したという（『稲荷信仰と宗教民俗』大森惠子　岩田書院）。

このような信仰形態は、まさに縄文時代の土偶を彷彿《ほうふつ》とさせる。民俗とは、想像以上に太古の記憶を呼び起こすものなのである。

稲荷信仰は五穀豊穣の祈りなのか

伏見稲荷の信仰の原初の姿は、奈良の三輪山同様、稲荷山が「神奈備型《かんなびがた》」の神体山だったからにほかなるまい。そしてその後、主祭神が祀《まつ》られ、今日の姿になった。

現在の伏見稲荷の祭神は五柱で、宇迦之御魂大神《うかのみたまのおおかみ》（下社）、佐田彦大神《さだひこのおおかみ》（中社）、大《おお》宮能売大神《みやのめのおおかみ》（上社）、田中大神《たなかのおおかみ》（田中社）、四大神《しのおおかみ》（四大神社）で、もともとは宇迦之御魂大神だけ祀られていたところに、九世紀に佐田彦大神と大宮能売大神が加えられ、さらに十二世紀に残りの神が祀られるようになった。

したがって、稲荷信仰でもっとも重視されるのが宇迦之御魂大神であることがわかる。

宇迦之御魂大神の「ウカ」は、豊穣の女神の「ウカ」で、『日本書紀』に登場する倉稲魂神《うかのみたま》や『古事記』の豊宇気毘売神《とようけびめのかみ》と同一の属性をもっていたと考えられる。もっとも、稲荷の祭神が男神であるか女神であるかははっきりとした定説がなく、この問題はのちに再び触れなくてはならない。

ここでまず問題にしたいのは稲荷信仰の性格で、これがはたして一般的にいわれているように、稲作民族の信仰なのか、という一点である。

たとえば、岡田精司氏は『京の社』（塙書房）の中で、

稲荷の神は、その表記からも知られるように、もともとは稲の穀霊信仰を起源とするものですが、稲作の神として農家で祭られるだけでなく、鍛冶屋《かじや》などの職人の守り神、さらには江戸時代になると商売繁盛の神としての霊験《れいげん》も加わり、幅広い民衆信仰に支えられるようになります。

と、なんのためらいもなく稲荷信仰は稲作の神が端緒であったと断定しているが、これは本当だろうか。

確かに、宇迦之御魂大神は豊穣をもたらす神で、「稲荷」と、「稲」の名がかぶせられたのだから、これは当然の発想といえよう。しかし、稲荷信仰には、複雑な要因が秘められている。

すでに触れたように、天皇家に叛逆《はんぎゃく》した者たちは「稲城《いなき》」を築いて防戦し、「稲城」は頑強であったと『日本書紀』は記録しているが、ここにある「稲」を積み上げた行為を「呪術《じゅじゅつ》」と捉えることができるならば、その目的が「豊穣を祈る」ことではなか

ったことは明らかだ。とするならば、「稲」の名を冠した神社だからといって、「稲＝五穀の豊穣を祈る社」という決めつけは、見る目を曇らせる。

雷神を寄せ付けない稲葉の呪力

近藤喜博氏は『稲荷信仰』（塙新書）において、東寺に残される稲荷の神の出現譚《たん》の中で、「いなはね（稲羽根）里」や「稲羽里《いなば》」というように、「稲の葉」にちなむ地名が特記されていることに注目した。すなわち、稲荷の「稲」の重要な点は、穀物としての「稲」にあるのではなく、むしろ大切なのは「葉」の方ではないか、と推理したのだ。

さらに、『日本書紀』に記された日本の国土の名・「葦原中国《あしはらのなかつくに》」や「豊葦原瑞穂国《とよあしはらのみずほのくに》」、また『万葉集』に詠《うた》われた「葦原瑞穂国」のように、これらが「稲」ではなく、「葦」の生い茂る豊かな国と表現されていることに注目して次のように述べている。

この瑞穂国は、葦原の葦を指しての瑞穂にして、稲にかけていたものでないということである。けれども早くから農業を立国の建前としてきたわが国では、葦原の瑞穂を稲にかけたがり、そして予祝的立場もこめて解説してきた傾向は、否定さるべくもなかった。しかしこれは本質的に正しい理解とはいえないであろう。

このように指摘したうえで近藤氏は、稲荷の「稲」は、「稲」そのものよりも、「稲」や「葦」といった、「長い葉」に呪力のあったことが大きな意味をもっていたのではないか、と指摘したのだ。

たとえば、日本神話の初めに「天地《あめつち》の中《なか》に一物《ひとつのもの》生《な》れり。状《かたち》葦牙《あしかび》（葦の芽）の如《ごと》し」とあり、これが神となって国常立尊《くにとこたちのみこと》と号したという。同様に一書第一には「一物」が「虚中《そらのなか》」にあったといい、ここから神（国常立尊）が生まれたとある。「虚空に葦の芽」が浮いている状態をどう説明すればいいのだろう。近藤氏は、これを葦の生い茂るという当時の風土性の投影ではなく、長剣状の葉＝葦による擬態《ぎたい》としての国土の「呪《じゅ》力《りょく》（呪力）性」の表出にほかならない、というのである。

長剣状の葉に呪力がある例を、近藤氏はいくつもあげている。中国から移入された「菖蒲《しょうぶ》」が端午《たんご》の日に葺《ふ》き並べられたこと、能狂言に現れる京都の五条烏丸《からすま》の東側の平等寺の因幡《いなば》堂《どう》が「鬼瓦《おにがわら》」や「鬼」のイメージの舞台になること、「因幡堂」の「因幡」は「稲葉」であり、「稲葉の呪力」が「鬼の恐ろしさ」に重なっているという。

「稲」には呪力があったのか？

稲 → 「長い葉」に呪力

<実例>

・「菖蒲」が端午の日に飾られる

・京都・平等寺の因幡《いなば》堂《どう》が「鬼」の舞台

↓

「稲葉」の意味

・稲葉神社では屋根に稲や葦の葉を置き、邪霊を寄せ付けない

↓

長剣状の葉は「避邪」「反邪視」の呪力をもった「目」

「稲」「葦」「菖蒲」を神聖視

また、伊勢国壱志《いちし》郡の稲葉神社は「葦」の名を冠することがあるところから、「稲葉を葦草《かや》とする」という「神態」があったことを推測している。つまり、屋根に鬼瓦をおくように、屋根に稲や葦の葉を葺《ふ》いて、邪霊《じゃれい》を寄せ付けないという呪術があったというのである。

　では、なぜ長い葉に呪力があるのだろう。

　それは長い葉が「目」をかたどっているからにほかならない、と近藤氏は指摘している。

『山城国風土記』逸文には、秦伊侶巨《はたのいろこ》(伊侶具《いろぐ》)が餅《もち》を的にして矢を射たとあった。餅は白い鳥に化けて、山の峯《みね》に飛び、稲が生ったという話である。

　ここにある「餅」が的にされたのは、要するに「鏡餅」のような円い餅だからであり、「鏡餅」は「鏡」の「仮器」であると近藤氏は指摘している。石製や土製の素焼きの「仮器」としての模造の鏡が各地の祭祀《さいし》遺跡から出土していることからも、「鏡餅」は後世に残らない鏡の「仮器」であるとする。要するに、鏡に見たてた餅であり、問題は、「鏡」に「避邪」や「反邪視」の呪力があると考えられていたことにある。

　具体的に何から身を守るための呪術かといえば、「雷電」であり、その閃光《せんこう》は鬼がもたらす恐怖であった。

つまり、長剣状の葉は、鏡同様「避邪」や「反邪視」の呪力をもった「目」の形にほかならず、だからこそ「稲」や「葦」、「菖蒲」が神聖視され、屋根に葺かれたというのである。

夫婦となった雷神と稲の神

近藤氏の指摘を素直に受け入れるならば、稲荷大社の信仰の根源を、「稲の穀霊信仰を根源としている」と断定することはできなくなる。

ただ、稲荷信仰の根源に「避邪」「反邪視」の呪力をもった長剣状の葉＝稲葉という信仰があったとする近藤氏の指摘も、これを全面的に受け入れることはできない。なぜなら、それが稲荷信仰の爆発的な普及の謎《なぞ》を解く答えにはなっていないからであり、さらに、稲葉が神聖視されたのは、「長剣状」という形状ではなく、植物の特性に隠されていたのではないかと思えるからである。

その特性とは、稲、葦、菖蒲それぞれの共通点であり、それが何かといえば、「水の中から生えてくる」という一点であり、どれもみな、湿地帯に生える植物にほかならない、ということである。

水中から生える植物がどうして神聖視されたのか、そのことが稲荷信仰の広がりに意味をもっていたのかどうか、その理由を明らかにするためにも、もう少し稲荷信仰について考えてみたい。

さて、近藤氏は長剣状の葉に「反邪視」の呪力があって、「雷電」をにらみ返すと推理したが、稲荷大社の祭神が、雷神そのものであった可能性が高い。

稲荷信仰の原初の姿が神奈備山信仰と関わっていた可能性を指摘しておいたが、奈良の三輪山の大物主神《おおものぬしのかみ》や京都の上賀茂の神山《こうやま》の祭神が別雷神《わけいかづちのかみ》であったように、名だたる神奈備山の神は、みな雷神である。

稲荷山に秦氏が来る以前にすでにこの地にいたとされる荷田氏の祖神が「竜頭太」といい、竜神だったのは、竜神（蛇神）が雷神でもあるからである。つまり雷神を祭る稲荷山に秦氏が進出し、稲荷信仰が始まったわけで、稲荷信仰の基層には、雷神信仰が横たわっている。

縄文人の自然崇拝が太陽神と地母神《ちぼしん》の男女であったのは、単純化すると「天」＝♂「地」＝♀、という観念があったからだろう。これに対し、雷神も天から降りてくるところから「♂」で、雷神と対になっていったのは、地母神（♀）で「稲の神」であった。雷の閃光をさして「稲妻」というのは、雷が「稲の夫（太古は「ツマ」には、夫と妻の両方の意味があった）」だからであり、雷が落ちることによって、稲は天の雷神と結びついて実をつけると信じられていたわけである。

雷神と稲の結びつきは、雷神（竜神）と巫女《みこ》（乙女・山姥《やまんば》）の交合による妊娠という神話となって語り継がれている。

『山城国風土記』逸文には、賀茂氏の祖神で八咫烏《やたがらす》となって神武天皇を先導した賀茂《かも》建角身命《たけつみのみこと》がヤマトの葛城《かつらぎ》から山城にいたったと記している。さらに、賀茂建角身命の娘・玉依日売《たまよりひめ》が石川の瀬見《せみ》の小川（現在の下鴨神社境内の小川）に川遊びをしていたとき、川上から丹塗矢《にぬりや》が流れてきて、これを持ち帰り床に挿《さ》しておいたところ、男子を孕《はら》んだという。この子の父は可茂別《かもわけ》雷《いかづち》　命《のみこと》で、上賀茂神社の祭神になったとある。

雷神と穀霊神のふたつの顔をもつ稲荷の神

これとそっくりな話は、『日本書紀』や『古事記』の中にたびたび登場してくる。

『古事記』の神武天皇の条には、正妃《せいひ》（大后《おおきさき》）の選定する場面に、三島溝咋《みしまのみぞくい》の娘・勢《せ》夜陀多良比売《やだたらひめ》という美しい娘がいて、あるとき大便をしているとき丹塗矢に化けた美《み》和《わ》（三輪）の大物主神が「ホト」を突き、驚いた比売はその矢を持ち帰って床に置いておくと、麗《うるわ》しい男になったという。ふたりの間に生まれたのが富登多多良伊須須岐《ほとたたらいすすき》比売命《ひめのみこと》で別名を比売多多良伊須気余理比売《ひめたたらいすけよりひめ》といい、この神の御子を正妃に迎え入れたという。

同様の話は『古事記』の崇神《すじん》天皇の条の大物主神と活玉依媛《いくたまよりひめ》や『日本書紀』の崇神天皇の条の大物主神と倭迹迹日百襲姫命《やまとととひももそひめのみこと》の話として記載されている。

稲荷信仰とはまったく関係ないように思われるだろうが、後々重要な意味をもってくるので、これらの話も内容を見ておこう。

崇神天皇の時代、疫病がはやり、人々がばたばたと死んでいったという。これを天皇は憂《うれ》えたが、ある日夢枕《ゆめまくら》に大物主神が現れ、「意富多多泥古《おおたたねこ》に私を祀らせれば国は安らかになる」というので、四方に使者を出し、探させたところ、大物主神と活玉依《いくたまより》毘売《ひめ》の間に生まれた子を河内で見つけた。そして夢のお告げ通りにしてみると、本当に国はおだやかになったという。

意富多多泥古がなぜ神の子であるとわかったかというと、次のような話があったからだ。

あるとき活玉依毘売のもとに容姿の整ったいい男が通ってきた。幾日もたたないうちに妊娠し父母は怪しんだが、娘の話を聞き、それならばと、男の着物の裾《すそ》に長い糸を縫い、男が帰ってから糸をたどっていくと美和（三輪）社に行き着いたという。

崇神天皇紀の記事は少し毛色が違う。

孝霊天皇の娘・倭迹迹日百襲姫命《やまとととひももそひめのみこと》は大物主神の妻になったが、夜にばかり訪れるので夫の麗しき姿を見たことがなかった。そこで姿を見たいと懇願すると、櫛笥《くしげ》（櫛を入れる箱）に入ってくるが、姿を見ても驚かないでほしいという。はたして、櫛笥を開けてみると、そこにはきれいな「蛇」がはいっていた。驚いた倭迹迹日百襲姫命はおもわず叫び、大物主神は恥をかいたといって、三輪山に帰っていった。姫は悔いて、箸《はし》で「ホト」を突いて亡《な》くなられたのである。その屍《しかばね》を葬《ほおむ》ったところが、「箸墓《はしはか》」（桜井市箸中の箸中山《はしなかやま》古墳）であったという。

これらの話は、民俗の深層に刷り込まれていたようで、近世にいたり雷神と山姥との交合という形でも語り継がれている。それが金太郎で、金太郎の母は夢に竜が現れ、雷鳴とともに目を覚ますと妊娠していたというのである。

これらの神話はいわゆる日光感精型神話《にっこうかんせいがたしんわ》の部類に属するとされているが、その一方で『記・紀』に登場する大物主神は三輪山の神であり、この神は「蛇」であり、「雷神」でもある。

これからわかるように、稲荷の神の原初の姿は雷神であり、このことは、平安時代に稲荷大社で盛んに「祈雨」の祈禱《きとう》が行われたことからもはっきりする。稲荷大社には倉稲魂神という穀霊神が祭られるが、一方で、雨をもたらす雷神でもあったわけである。

なぜ稲荷社は「水」とつながるのか

こう考えてみると、稲荷信仰には、縄文時代以来継承されてきた信仰形態に、稲作民の信仰が習合したと推理することができる。ただし、何度もいうように、稲荷信仰を単純な農耕の神と決めつけるわけにはいかない。

稲荷大社の信仰形態には、いくつかの特色がある。

大森惠子氏は『稲荷信仰と宗教民俗』の中で、これまでの稲荷研究において、「水と稲荷」の関係がなおざりにされてきたと指摘し、京都府、兵庫県、大阪府、岡山県、東京都などに現存する稲荷社の中で井戸や清水、泉、池、滝、川、海といった水と関わる場所に祭られるものの特徴を四つに分類している。

一、飲料や産湯《うぶゆ》・薬水・鍛冶《かじ》の水などに使用した井戸や清水のそばに水の神として祭祀された稲荷社。
二、灌漑《かんがい》・雨乞《あまごい》の祭場として使用した池や滝に水の神として祭祀された稲荷社。
三、川にかけられた橋や堤防、および洲《す》の部分が水害で破壊されないように、それらのそばに川の神として祭祀された稲荷社。
四、稲荷の御神体が海辺に流れつき、海神として海岸部に祭祀された稲荷社。

このように分類したうえで、稲荷神の神格が多様性に満ちていること、しかも、水とのつながりが強いことを指摘している。

それにしても、なぜ稲荷社は「水」とつながっているのだろう。

ひとつの理由に、仏教の弁財天《べんざいてん》（弁才天）との習合があげられるかも知れない。

弁財天の原形はサンスクリット語のサラスバティー（Sarasvati）で、これは古代インドでは「聖なる河」を意味し（ただし特定の川を指していたわけではない）、豊穣《ほうじょう》の神でもあった。仏教の神に取り込まれたのちに日本に伝わり、弁財天と称されるようになった。

弁財天に対する信仰は、すでに奈良時代から始まっていて、のちに伎楽《ぎがく》の神の要素も加わり、中世の末には七福神の中の琵琶《びわ》を弾く女神にもなった。鎌倉の銭洗《ぜにあら》い弁天

稲荷信仰と水の祟りの関係

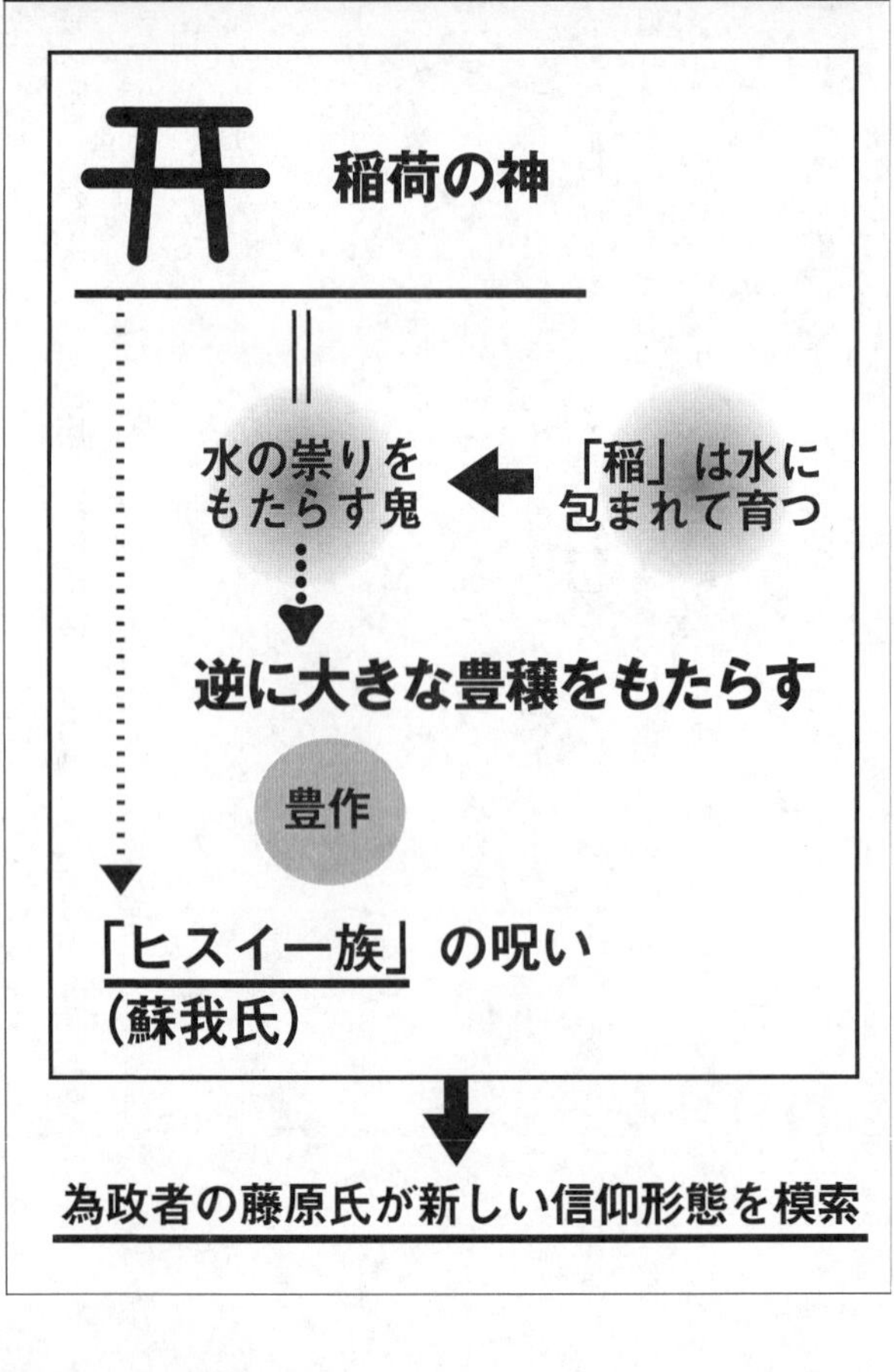

も この神を祀《まつ》っているように、豊穣と蓄財の神として庶民に愛されていった。また、弁財天のもとの姿は「蛇」であり、水の神であるところから、日本の宗像《むなかた》神の市杵島《いちきしま》姫神《ひめのかみ》と習合した。このため、海の神、水の神の属性が強調されたのであろう。日本各地の寺院のわきに、小さな池の中にぽっかりと小島がつくられ、鎮守の神として弁財天や市杵島姫神、あるいは稲荷社というかたちで祀られる例が非常に多いことでも知られている。

それにしても、なぜ「水の神」弁財天と稲荷神は習合したのだろう。

それは、稲や穀物が「水」なくしてはできないからであり、特に「稲」は、水に包まれて育つ。要するに、豊穣をもたらす根源は「水」なのである。

稲荷の神は水の祟《たた》りをもたらす鬼であり、その祟りが比類なき恐ろしさだったからこそ、豊穣をもたらすと考えられたのだろう。

ここで思い当たるのは、稲荷の神と「ヒスイ」の信仰の「近さ」である。

ヒスイは海の神がもたらす呪具《じゅぐ》であった。ただしその呪具は、呪力の強さゆえ、八世紀以後為政者・藤原氏から忌避されていったのである。もちろんそれは、「ヒスイの一族＝蘇我氏」を奈落の底に突き落とした後ろめたさからであり、だからこそ、ヒスイを闇に葬ったのだろう。しかし、「ヒスイの呪《のろ》い」は、「祟る水の信仰」となって伏流水のように生きながらえ、稲荷信仰となって復活したのではなかったか。

そう思う理由は、日本古来の信仰が稲荷信仰に息づいているのに対し、藤原氏の構築したにわか造りの信仰形態は、人々を魅了する力をもたなかったからだ。

つまり、太古から継承されてきた日本人の信仰形態は、八世紀の朝廷が築きあげた「神道」ではなく、稲荷信仰のような「亜流の信仰形態」の中に、隠されているのではないかと、疑っているのである。

たとえば、天照大神の祀られる伊勢神宮に庶民が群がるのは、江戸時代にお蔭《かげ》参りで脚光を浴びるようになってからで、しかも、お蔭参りは豊受大神に対する信仰に端を発している。天照大神は、庶民の信仰の対象ではなかったのである。

そこで問題となってくるのは、「皇祖《こうそ》神《しん》天照大神《あまてらすおおみかみ》」である。張りぼての「天照大神」の「正体」を解き明かせば、稲荷信仰や日本人の信仰の本質に迫ることができるのではあるまいか。

というのも、天照大神の化けの皮を剝《は》ぎ本来の姿を辿《たど》っていくと、稲荷信仰との接点が見えてくるからである。

太陽神天照大神が水の女神であることの不整合

『日本書紀』に記される天照大神が太陽神であるにもかかわらず、「水」と密接な関係にあったとする指摘がある。

吉田敦彦氏は『日本人の女神信仰』（青土社）の中で、天照大神が高句麗《こうくり》王家の祖母神で河の神の娘である「柳花《りゅうか》」と密接な親近性をもっていると指摘する。

たとえば天照大神は、黄泉国《よみのくに》からかえってきた伊弉諾尊《いざなぎのみこと》が河で禊《みそぎ》をして、左眼を洗ったことで生まれ出た。つまり水の浄化力によって誕生したのであり、この女神の活躍の場は天安河《あまのやすかわ》であった。また、天照大神の誕生の直前に宗像《むなかた》や安曇《あずみ》といった一群の水の神が生まれたように、天照大神の息子たちの誕生に際しても、同様の記事が残っている。ここに注目した吉田氏は、

伊勢《いせ》皇大神宮《こうたいじんぐう》は言うまでもなく、五十鈴《いすず》川の川上にあって、そこでのアマテラスの祭祀《さいし》はこの清流と、まさに切り離すことができない。

というように、天照大神と水の関係を指摘している。

太陽神であるはずの天照大神と水が、なぜ深く結びついているのだろう。

天照大神に隠された水の女神の要素はこれだけではない。

『日本書紀』神代上第七段本文には、素戔嗚尊《すさのおのみこと》が高天原で乱暴狼藉《ろうぜき》をする場面で、天照大神が「斎服殿《いみはたどの》で神衣《かむみそ》を織っていた」と記されている。

機織の女神と「水」との間には、強い因果が隠されている。

たとえば『日本書紀』神代第九段一書第六には、次のような話が載っている。

九州南部の日向に天孫降臨《てんそんこうりん》を果たした天照大神の孫・天津彦彦火瓊瓊杵尊《あまつひこひこほのににぎのみこと》は、吾田《あた》の笠狭《かささ》の御《み》崎《さき》（薩摩半島から突き出た小さな半島）に行幸し、「海辺の大きな神殿（八《や》尋《ひろ》殿《どの》）で機《はた》を織る乙女」に出会う。これが大山祇神《おおやまつみのかみ》の娘・磐長姫《いわながひめ》と木花開耶姫《このはなのさくやひめ》であった。

大山祇神は「山の神」であるのに、その娘たちはなぜ「海辺」で機織をしていたのだろう。

神話には、「弟棚機《おとたなばた》」という言葉があって、これについて折口信夫《おりくちしのぶ》は、「棚」は水中につくりだしてある「縁側」を意味していると指摘した。つまり、この「棚」の上で女性が機を織っているのは、神のように貴い人を待ち、水辺で禊をさせて結婚するからだとしている。

ただ、これだけでは「機織」と「水」のつながりがはっきりしない。吉野裕子《ひろこ》氏は『大嘗祭《だいじょうさい》』（弘文堂）の中で、周の時代の中国では、天子の宗廟《そうびょう》を祀るために官営の桑畑を都の北方に造り、后妃《こうひ》は多くの女官を率いて蚕を飼い、衣を織っていたと指摘した。というのも、方位の「北」が「陰・女性」を表し、夫人の「純陰」を尊んだからだという。

さらに、「火」の陽に対し、「北」「水」が「陰」の性質であること、また同様に、「耕」が陽、「織」が陰の属性に含まれ、「織」「水」が女性の仕事になったとしている。すなわち、太陽神（♂・陽）を祀る巫女《みこ》（♀・陰）は、神のために衣を織っていた（陰）ということになる。

この原則を日本神話に当てはめてみれば、本来「陽」である太陽神に女神・天照大神を当てはめた『日本書紀』は不合理であり、その反面、『日本書紀』は天照大神の本来の姿、「機を織る女神」を神話の中に挿入《そうにゅう》してしまったわけである。

この「機を織る女神」は、水辺で貴い神を待つ女神であり、それは、むしろ豊受大神の属性に近い。とするならば、なぜ『日本書紀』は無理を承知で、天照大神を女の太陽神に仕立てあげてしまったのだろう。

それは、中臣《なかとみ》神道を完成させるために、本来の信仰形態を無視し、抹殺《まっさつ》する必要があったからであろう。

しかし、神話は矛盾に満ち、大きな謎《なぞ》を残したのである。

光と水は重なってくる？

太陽神が水と関わりを持っていたのとは正反対に、稲荷の神が太陽神の性格を示している例もある。

というのも、各地の稲荷社の中には、「光」のつく神名が、意外に多いからである。

このことを指摘しているのは先述の大森惠子氏で、

人々は光に神秘的な霊力を感じるとともに、闇を恐れ常に光が射《さ》して迷うことなく人生を送りたいと願う心から、稲荷神の神名に「光」を好んで付けたようであるが、古来、稲荷神は「光を放つ神」と信じられてきたのであろうか。（『稲荷信仰と宗教民俗』）

と記し、稲荷山の守護神・竜頭太《りゅうとうた》の頭が光り輝いていたという伝承を重視する。そして、この山の神が農耕神であるとともに強力な光で闇夜を照らす火神であったと推理し、稲荷山に聖火を守り続ける「ひじり（聖）」が存在したのだろうと指摘している。

しかし、ここはもう少し、単純に考えた方がよさそうだ。竜頭太の頭が輝いていたと語りつがれていたのは、「竜」や「蛇」が雷神だからである。

『日本書紀』神代下第九段一書第一には、出雲神《いずもしん》・味耜高彦根神《あじすきたかひこねのかみ》にまつわる、次のような説話がある。味耜高彦根神の装いは立派で（「光儀華艶《よそほひうるは》しく」）、二つの丘と二つの谷の間に照り輝いていた。そこで人々は、次のように歌った。

天《あめ》なるや　弟織女《おとたなばた》の　頸《うな》がせる　玉《たま》の御統《みすまる》の　あな玉《たま》はや　み谷《たに》　二渡《ふたわた》らす　味耜高《あじすきたか》
彦根《ひこね》

天上界の弟織女（若い布を織る少女）の首にかけられている紐《ひも》に通したいくつもの玉よ。そのように麗《うるわ》しく谷二つにわたって照り輝く味耜高彦根神よ、という意味だ。

またこの歌は、味耜高彦根神の妹・下照姫《したでるひめ》のもので、輝く神が味耜高彦根神であることをみなに知らしめるために、歌ったのだともいう。

味耜高彦根神が二つの谷を照らし輝いているのは、この神が「蛇神」で「雷神」だったからである。

すでに触れたように、蛇神、雷神に対する信仰は土着的で古い信仰の名残《なごり》であった。そして太陽神信仰の隆盛《りゅうせい》とともに、蛇神、雷神は追いやられ、あるいは太陽神に昇華していく。

ところで、下照姫は別名を高姫《たかひめ》と言い、この神も兄同様、蛇神で雷神とされているが、『五郡神社記』には「飛鳥三日女命《あすかのみひめのみこと》」とあり、さらに奈良県の神社では、「飛鳥三《あすかのみ》日《ひ》比売命《ひめのみこと》」の名で祀られる例がある。比売（姫）を「日女」と書き、比売にわざわざ余分な「日」の一文字が付け加えられているのは、下照姫が高所から下界を照らす存在で、太陽神的な性格を帯びていると考えられたからであろう。

したがって、もともとは蛇神や雷神を祀っていた伏見稲荷《ふしみいなり》神社でも、光り輝く雷神が次第に太陽神と習合していったと考えられる。いずれにせよ、稲荷神と「光」は、密接につながっている。

そして、稲荷神の「光」、天照大神の「水」という属性がクロスしていることは無視できない。ここに稲荷神の正体を知るためのひとつのヒントが隠されているように思われる。というのも、やはり「水の神」で「豊穣の神」でもある丹後半島の豊受大神には、次のような伝承があるからだ。すなわち、初め籠《かご》に乗って現れ光を放っていたというのである。「水の神」と「光（太陽）の神」は、やはり接点をもっている。

天照大神は本当に女性だったのか

三輪山の神は丹塗矢《にぬりや》となって乙女の「ホト」を突いたとあり、これが日光感精型の神話と呼ばれていることはすでに触れた。朝鮮半島やその他の地域では、乙女のホトを突くのは「日の光＝太陽神」であり、一方、三輪山の神・大物主神は、蛇の姿で雷神であるが、太陽神であったとはどこにも記されていない。これは、日本の太陽神が皇祖神・天照大神だったと『日本書紀』が決めつけたからである。

しかし、何度もいうように、女性の太陽神は不自然である。

天照大神は『日本書紀』がもっとも重視《じゅうし》する天皇家の祖神であり、本来は男神であったのに女神にすり替えられていたとすれば、この偽装工作の裏側に「政治的必要性」を想定せざるをえない。すなわち、歴史改竄《かいざん》を行なう過程で、「天照大神の正体」のみならず、「天皇が祟《たた》る理由」も、抹殺されてしまったに違いないのである。ここに稲荷信仰のみならず、祟る天皇の秘密も隠されていたのではあるまいか。

そこであらためて問題となってくるのが、伊勢神宮の祭神であり、八世紀の朝廷の不審な態度なのである。

伊勢神宮の祭神は、内宮《ないくう》が天照大神、外宮《げくう》が豊受大神である。すでに触れたように、雄略天皇の時代、天照大神が「独り身で寂しい」ので、豊受大神をつれてきたのだとされている。豊受大神はここから、御饌《みけ》を天照大神に奉じる神として祀られてきた。この伝承からも明らかなように、豊受大神は、日本を代表する御饌の神＝豊穣の女神であることに間違いはない。

不審な点はふたつある。ひとつは、『日本書紀』が、日本で最高の社格を誇る伊勢神宮の祭神の主役の一柱である豊受大神について、一言も触れていないこと。そして第二に、太陽神・天照大神が「女神」であるところだ。世界的な視野に立てば太陽神は本来男性なのであって、また、こののち詳述するように、日本においても、縄文時代以来、男性の太陽神と豊穣の女神がセットになっていた。

天照大神が「女神」であったというのは、『日本書紀』の主張である。

『日本書紀』神代上第五段本文には、伊奘諾尊《いざなぎのみこと》と伊奘冉尊《いざなみのみこと》が国生みを終えたのち、「日神《ひのかみ》」を生んだとあり、その名を「大日孁貴《おおひるめのむち》」といい、「一書に云はく」という形で、「天照大神」や「天照大日孁尊」の別名があったとしている。そして、この神は光り輝き、国を照らしている、と記されている。

このような『日本書紀』の主張に、通説はこれまであまりに無頓着だったように思う。

たとえば松村一男氏は『女神の神話学』(平凡社)の中で、アマテラス(天照大神)を、「特権的とみなされる男性集団の祖先神として位置づけられている母神、女神」と定義したうえで、神話の系譜が男性の直系で満ちているのに、アマテラスを女性にしなければならなかったのは、子供は女性からしか生まれない現実を「必要悪として」認めなければならず、その一方で、不浄性を最大限に消去するために、処女懐妊という設定を設けたという。つまり、アマテラスを女神と決めつけたうえで、推理が進められていることがわかる。

天照大神を男性とする『古事記』?

三品彰英《みしなあきひで》氏は、女性太陽神の存在そのものが世界的に見て例外と指摘したうえで、なぜ日本の太陽神が女性なのかといえば、日の神を祀《まつ》る巫女そのものが、祀る者から祀られる者へと昇華していったからだと指摘している。この現象は、人と神の区別が厳密ではなかったからこそ起こったのだ、とする。この発想も、アマテラスを女神と決めつけているところから生まれているわけだ(『建国神話の諸問題』平凡社)。

しかし一方で、水林彪《たけし》氏のように、簡単に天照大神を女神と決めつけることはできないと指摘する史学者もいる。

水林氏は、『古事記』が天照大神の性別を明記しなかった事実に注目した。『日本書紀』に女神と書いてあるからといって、そのまま『古事記』に当てはめるべきではないとし、天照大神＝女神説に疑問をなげかけている。

たとえば、スサノオ（素戔鳴尊《すさのおのみこと》）が一度高天原《たかまのはら》から追放され、再び昇ってくる場面で、アマテラスはスサノオに高天原を奪う下心があると疑い、これを迎え撃とうとするのだが、そのとき『日本書紀』には、アマテラスがスサノオの前に立ちはだかり、

稜威《いつ》の雄誥奮《をたけびふる》はし

と、天照大神が勇猛な姿で待ちかまえたとあり、かたや『古事記』には、

伊都《いつ》の男建《をたけび》

とある。これは、大地をしっかりと踏み固め、雄叫《おたけ》びをあげることと解釈されてき

たものだ。しかし、水林氏は、この一節こそ、『古事記』がアマテラスを男性と見ていた証《あかし》だ、とする。というのも、「伊都の男建」の「イツノオ」は、「スサ之男命」の対になった「イツ之男」＋「建」で、「建」は原文訓註が「タケブ」という動詞であることを明記しているのだから、ここでは「イツ之男」が主語ととらえることができる。すなわち、「伊都の男建」を、「大地云々《うんぬん》」と解釈することは誤りで、「イツ之男」が「タケブ」＝「叫んだ」と解釈すべきで、「イツ之男」は「アマテラス」なのだから、『古事記』はアマテラスを男性と見なしていたのではないか、とする。

すなわち、『古事記』の中で、アマテラスの性別にまつわる表現が、この「イツ之男」だけなのだから、アマテラスは男性だった可能性が高い、と言うのである（『日本通史　月報8』岩波書店）。

水林氏の指摘は重い意味をもっている。「天照」の名を冠する神社の中で、「男性の太陽神」を祀る例は少なくない。伊勢神宮にしても、八世紀にヤマト朝廷の天照大神が祀られる以前、土着の海人《あま》が男性の太陽神を祀っていたと考えられている。

となれば、皇祖神で太陽神の天照大神を女性と断言した『日本書紀』の態度に問題が隠されていたことになる。縄文時代以来の日本人の信仰を鑑《かんが》みても、太陽神は男性がふさわしい。それは優劣の問題ではない。「性質」の問題である。

日本的な神ではない天照大神

なぜ太陽神・天照大神が男性であったか女性であったかという問題にこだわったかというと、ひとつの理由に、最高の神格を与えられた天照大神が、それ以後の民間信仰やそれ以前の多くの伝承に現れる「日本的な神」とは性格を異にしているからである。

その「日本的な神」とは要するに「祟《たた》り、呪《のろ》う神」であり、だからこそ豊穣《ほうじょう》をもたらす神と信じられてきたものだ。ところが、天照大神に限って、恐ろしいイメージはない。生まれ落ちたときから、「いい子」として伊弉諾尊・伊弉冉尊にべた褒めされている。

また、天照大神に「水の神」の要素が含まれていることはすでに述べたが、しかしそれが「祟る水」ではなかったところに問題がある。

天皇家に滅ぼされた者たちは、みな水と塩を呪って死んでいった。それは、水と塩が生命を維持するために必要不可欠だからでもある。

単純で根源的なものだからこそ、それが失われることは何よりも恐怖なのであって、だからこそ、水と塩（海）は祟るのである。

海幸彦・山幸彦神話の祟る神は豊玉姫であった。豊玉姫は山幸彦の裏切りを許さず、陸と海の道を閉ざして帰っていったが、海の道を塞《ふさ》いだ呪術《じゅじゅつ》は「水と塩」の呪術そのものである。

水の神はことごとく祟るのに、天照大神だけが例外であったところが不自然なのである。

たとえば、豊玉姫は山幸彦に海幸彦を懲《こ》らしめる呪術を授けていた。それが潮満《しおみつの》瓊《たま》・潮涸瓊《しおひのたま》で、これは海の底からとれる海神の神宝・ヒスイにほかならなかった。縄文以来日本人がヒスイを珍重したのは、ヒスイが「海の宝」だからである。そのヒスイは、海幸彦を懲らしめる「祟る玉」だ。だからこそ、人々はヒスイを「神の依代《よりしろ》」として珍重したのである。

神話の中で出雲の神々は皇祖神に国譲りを強要され、怨《うら》みをもってこの世を去っていく。神の言葉を代弁する力をもっていた言代主神《ことしろぬしのかみ》（事代主神《ことしろぬしのかみ》）は、最後に船を漕《こ》ぎ出し船を傾け、深い海の闇に消えていった。これは敗れた者の最後の抵抗であり、皇祖神に祟りをもたらす呪術である。言代主神は海に消えることで、皇祖神に深い憂《うれ》いを与えたのである。海は井戸を通じ陸につながっていると人々は信じていた。出雲の祟りは水の祟りとなって人々を震え上がらせたに違いないのだ。

『日本書紀』には、第十代崇神《すじん》天皇の時代、天変地異や疫病に苦しめられ、人口の半分近くが滅びたと記録され、その原因が三輪山に祀られる出雲神・大物主神にあったと記されている。出雲神は明らかに祟り神だったのである。

三輪山の大物主神は雷神でもあり、蛇とも考えられていた。雷も蛇も、どちらも「水」と密接な関係にある。これも、「水の祟り」にほかならない。

豊受大神は比治《ひじ》の真名井《まない》で沐浴《もくよく》をし、浦島太郎伝承と接点を持っていた。どちらも水と関わりのある伝承だ。そして豊受大神は恩を仇《あだ》で返され、深い恨みを抱いて放浪したのである。豊受大神はいじめられた水の女神だからこそ恐ろしく、また豊穣の女神なのである。

このような豊受大神の姿は、海神の娘・豊玉姫と共通である。

天照大神と大物主神

こうして見てくると、天照大神という存在が、いかに人工的で観念的な神であったかがはっきりしてくる。日本神話に登場する神々の多くが何かしらの恨みを抱き、祟る神となったからこそ人々に怖《おそ》れられ、敬われてきたのとは正反対である。

たとえば、大物主神の「物」は、多神教における精霊の宿る「モノ」で、古くは「モノ」といえば「鬼」をさした。大物主神こそが「大いなる鬼の主《もの》の神」であり、鬼の中の鬼、神の中の神であった。その大物主神が日光感精型神話にたびたび登場していることを見逃すことはできない。

すでに触れたように、大物主神の祀られる三輪山の信仰と稲荷山の信仰は無関係ではない。

稲荷の神は「蛇」であり、神奈備山《かんなびやま》信仰が原初の姿であった。これは三輪山信仰とそっくりである。そしてここが大切なのだが、三輪山の神・大物主神は明らかに男性であり、しかも、ヤマトを代表する「巫女《みこ》」がこれを祀ってきた。その巫女たちは、現実離れした乙女たちであり、神と結ばれ、神の子を産むのである。ホトを突いて死ぬ巫女は、ホトを焼いて命を奪われ黄泉《よみ》の国で豊穣の神に変身する伊弉冉尊《いざなみのみこと》に似ている。

ここで興味深く思うのは、伊勢神宮の祭神と三輪山の祭神のことである。

伊勢神宮の祭神は、太陽神の女神で皇祖神の天照大神と、天照大神に御饌《みけ》を奉じる豊穣の女神・豊受大神であった。これに対し、三輪山の祭神は大物主神で、その周辺

まったく異なる「天照大神《あまてらすおおみかみ》」の解釈

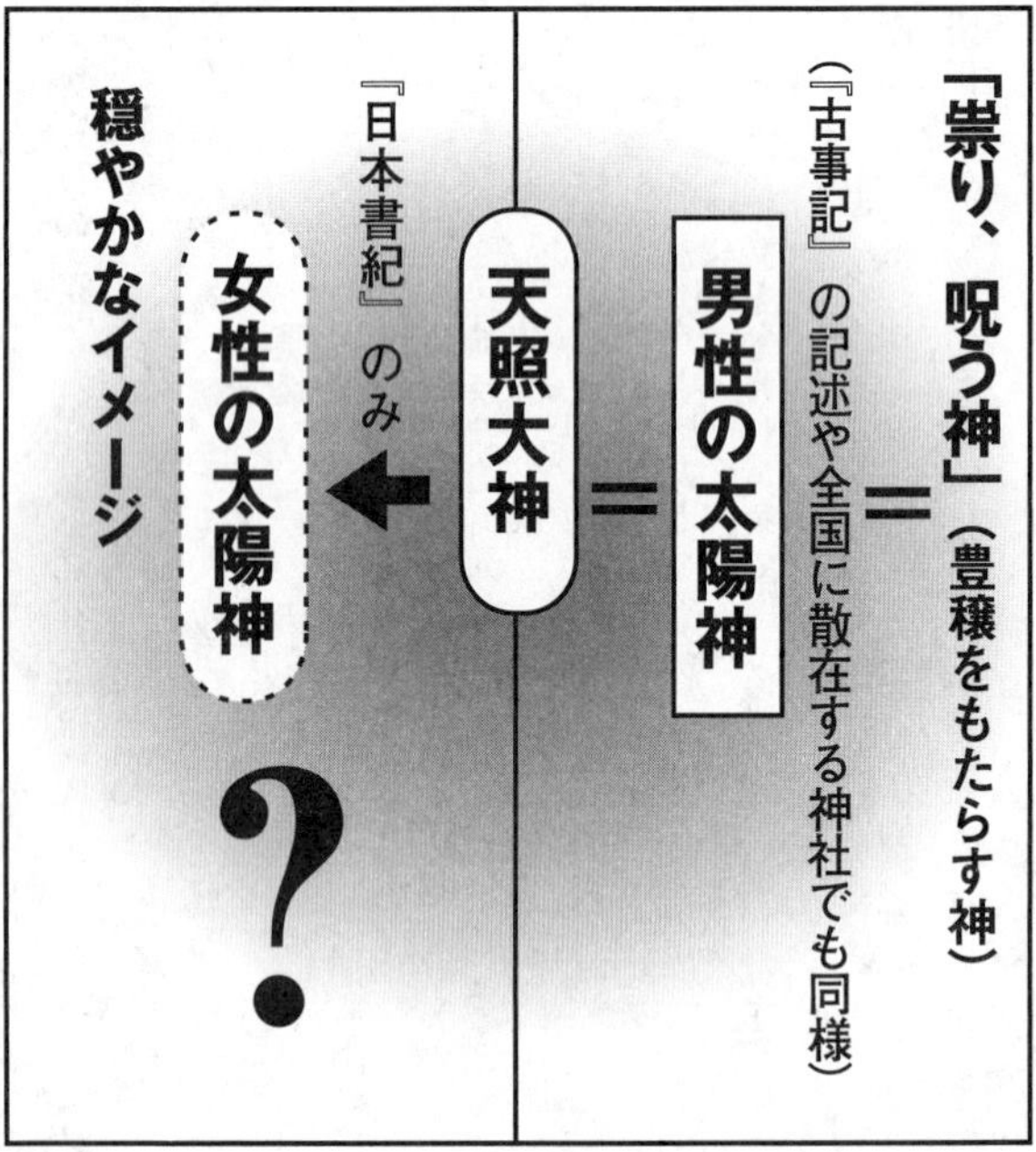

に、濃密な「限りなく神に近い巫女」の伝承が残されていたのである。しかもその巫女は、豊穣の女神であった疑いが強い。伊勢神宮の豊受大神の役割である。かたや三輪山の神は雷神であり、この神が放つ稲妻が豊穣の女神や巫女と結合し、新たな生命が再生され、それが豊穣をもたらしたのである。

この図式を当てはめるならば、ひとつの疑問に行き着く。伊勢神宮の豊受大神はどのように豊穣をもたらす方法をもっていたというのであろう。太陽神天照大神の「日光感精型神話」をつくるべきであろうか。しかし、伊勢神宮の天照大神は女神であり、男根をもっていないし、丹塗矢《にぬりや》に化けるわけにもいかないのである。

ここでふたつの推理が導き出せる。

まず第一に、三輪山の祭神・大物主神は雷神であるけれども、次第に太陽神としての属性を獲得していったのではあるまいか。

そして第二に、伊勢神宮の祭神・天照大神は、実際には男性だったのではあるまいか。

天照大神を祀るために、天皇の娘や姉妹が伊勢に遣わされ斎王《さいおう》となったが、なぜか斎王は未婚の乙女に限られた。その斎王のもとには、夜な夜な伊勢の神が通ってきたという伝承が残される。しかも、伊勢の神が帰ったあと、寝床には蛇のウロコが落ちていたというのだ。

つまり、天照大神は男神であり蛇神という「暗黙の了解」が、人々の間に定着していたのである。

この、「蛇神が聖なる女性と結ばれる」という話、三輪山伝説にそっくりではないか。

やはり、伊勢神宮の天照大神を男神と考えると、辻褄《つじつま》が合ってくる。天照大神が独り身で寂しいと訴え、女神・豊受大神を求めたのは、天照大神が男神だからだろう。

稲荷社に隠された♂と♀

三輪山がそうであったように、伊勢神宮でも♂と♀の結合という神道の原理が働いていたはずである。

そこで改めて注目されるのが、豊穣《ほうじょう》の神・稲荷神のことだ。どこにでも祀られる有名な神だが、性別ははっきりしていない。稲荷神が豊穣をもたらすのならば、ここでも、♂と♀の結合という隠された神観念を内包していたのではあるまいか。

古くは稲荷の神は女性として描かれていたようだが、稲荷大社と深く結びついた東《とう》寺《じ》が、「老翁《おきな》」と記録し、稲荷大社の伝承『稲荷記』や『稲荷大明神縁起《いなりだいみょうじんえんぎ》』にも、稲荷の神は「老翁」であったとしている。

たとえば『稲荷大明神縁起』には、次のような話が記されている。

弘法大師《こうぼうだいし》（空海）の前世での話である。弘法大師は天竺《てんじく》のお釈迦《しゃか》様のもとで修行を重ねていた。あるときお釈迦様は、生まれ変わったら東方の国に赴き仏法を広めようと思うから、あなたも来るがよい、とおっしゃった。現世にもどった弘仁《こうにん》七年（八一六）の夏、弘法大師は紀州田辺で異相の老翁に出会う。八尺の背の丈、一見して凡夫のようだが、内には権化《ごんげ》の相を隠し持っているのだった。これが釈迦の生まれ変わりであり、稲荷の大明神である。

弘法大師は前世の約束は忘れていませんといい、紀州の老翁を鎮護国家のための密教の霊場・東寺へと誘う。老翁は弘法大師の守り神になろうと約束する。老翁は稲を担《にな》い椙《すぎ》（杉）の葉を携え、ふたりの女人とふたりの子を連れて東寺に赴き、稲荷の神として祀られるにいたったという。

このような説話は、稲荷大社に東寺の影響力が強まってから成立したものであることは間違いなく、釈迦の生まれ変わりと荷田《かだ》氏の祖神・竜頭太の姿が似ているところにも、伝承の不確かさが現れている。ただ逆に、先述の竜頭太にしても、いま述べた老翁にしても、どちらも「稲を背負っていた」という共通点をもっていたことが重要で、すなわち「異形のものが稲を背負っていた」のが稲荷の神の原形であった。

稲荷の信仰は「稲」を重視したものというよりも「水草」を怖れたものではなかったかと、すでに推理しておいた。たとえば歴史的に、稲荷大社に対する国家的祈願は「祈雨」であり、もちろんこれは「稲」や「作物」の豊穣をもたらす呪術にほかならないが、その前提として、稲荷の神が「水を支配する」力をもっていると考えられていたわけである。つまり、稲荷の神は「稲作の民」のための神である以前に、水の神なのであり、大切なことは水の祟りをもたらす神にほかならないということだ。そして、水の神を表すものが、「稲」や「葦《あし》」といった水に生える草だったわけである。

その水草を背負ったものが稲荷の老翁であり、これは「稲を運んでくる福の神」を表しているのではなく、「稲や水草の祟りを運ぶ恐ろしい神」を意味していたと考えられる。だが、この話がいったいどういういきさつで誕生したのか、稲荷大社や東寺に残される伝承だけではわからない。はっきりとわかるのは、ある時期を境に、稲荷の神が男神と考えられるようになったという一点である。

それにしても、祭神の性別もわからないとは、いったいどういうことであろう。稲荷の豊穣の女神は、いったいどこに行ってしまったというのであろう。

そこで、豊穣の神の謎を、もう少し探ってみよう。

豊穣の女神は縄文時代以来引き継がれてきた、大切な信仰対象である。それにもかかわらず、なぜこれまで、「豊穣の女神」は軽視されてきたのだろう。その最大の原因は、正史『日本書紀』が、「豊穣の女神」の正体を封印してしまったからにほかならない。『日本書紀』の中で、伊勢神宮に祀《まつ》られる天照大神は皇祖神として大々的に取りあげられながら、どうした理由からか、豊受大神は、まったく無視されてしまったのである。これは不審きわまりない。なぜ豊受大神は伊勢に祀られながら、『日本書紀』は「豊穣の女神」の記述を、避けてしまったのだろう。

ストーンサークルが残した太古の信仰

ここで、あらためて、豊受大神抹殺《まつさつ》の原因を解き明かすべく、話を縄文時代から掘り起こしてみたい。ヒントは、意外なところにあったのである。

縄文時代、日本列島の住民は、豊穣の女神を祀る一方で、後期・晩期には太陽神を祀っていた痕跡《こんせき》がある。それが秋田県鹿角《かづの》市十和田大湯《おおゆ》の大湯遺跡に代表される環状《かんじょう》列石《れっせき》である。

環状列石といえば、まっさきにイギリスのストーンサークルやストーンヘンジを思い浮かべる。かの地では、紀元前二八〇〇～紀元前一一〇〇年頃にかけてさかんに石のオブジェが造られていたのである。

ストーンヘンジ（Stonehenge）は紀元前二五〇〇～紀元前二〇〇〇年頃にかけてイギリス南部のソールズベリー平野につくられた巨石遺構でⅠ期からⅢ期まで構築されたあとがある。

第Ⅰ期の遺構からは、径百メートルの円形の中に、径八六メートルの同心円の土坑《どこう》が築かれている。その土坑の中からは火葬された人骨が発見されている。第Ⅲ期の遺構には、三十個にも上る巨石が群立し、しかも石と石の間に石を置き、橋のように掛け渡したものが見られ（これをヘンジという）、長い間、謎《なぞ》と伝説に満ちた遺跡として知られてきたものだ。

径百メートルといってもぴんと来ないが、要するに野球場のグラウンドがすっぽり入る大きさである。

十八世紀には、巨石の位置関係などから、太陽信仰や天体観測を行っていた可能性が指摘されるようになったのである。

これに対し、ストーンサークル（stone circle）は、環状列石・環状石籬《せきり》の総称である。大きさは、先にあげたストーンヘンジの径百メートルという巨大なものから径二メートル以下という小振りなものまで含める。

ストーンサークルはヨーロッパのみならず、西南アジア、インド、南シベリア、中国、そして日本に広がりを見せる世界的な遺跡なのである。

ストーンサークルの使用目的はほぼ共通していて、墓と太陽信仰のふたつの性格を帯びている。ストーンサークルには、墓地が付随し、また、列石を線で結べば、夏至や冬至の日の入り、日の出の方角にぴったりと重なっているという。ストーンサークルは、天体観測の場でもあったのだ。もちろん、大湯の環状列石も、二つの要素が備わっていた。

死者の埋葬と太陽信仰には一見して共通点はないように思えるが、実際には密接な関係にある。

太陽は沈み、また昇る。太陽の勢いは夏至に最高潮に達し、冬至には低下する。太陽は死と再生のシンボルであり、墓は死と再生の聖地である。

ところで、縄文時代中期の竪穴《たてあな》住居が円形に造られていたことについて、これを不自然とする見方がある。四角く造れば簡単なのに、わざわざ円形にする必要がどこにあったのだろう。

円形の建物の入り口が冬至の朝日の射《さ》し込むようにつくられていたものが見つかっていることから、それは、縄文人の宗教観が反映していて、円形の住居は母胎（子宮）を表しているのではないか、とする説がある。すなわち、太陽がもっとも弱った冬至の日、朝日が子宮の中に射し込んで新たな生命が生まれるという観念だ。再生の呪術《じゅじゅつ》が円形の建物の秘密だったのではないか、というのである。

もちろん、これは、豊穣《ほうじょう》の女神の呪術でもある。太陽神が弱まったとき、豊穣の女神の母胎と合体し、新たな生命が生まれるのである。

そこで問題となるのは、同じ「円」の思想に彩《いろど》られたストーンサークルの石柱である。この石柱は、大地に屹立《きつりつ》している。太陽信仰のシンボルが石柱であるならば、このオブジェは、男性のシンボルをも意味していたのではあるまいか。太陽神が男性であり、その光が円形の家＝女性の胎内にはいるのならば、石柱は、大地という母胎に突き刺さったリンガそのものではなかったか。

太陽神と縄文信仰のつながり

もっとも、このような考えには反論もある。たとえば後藤和民《かずひと》氏は縄文中期から晩期にかけてストーンサークルなどの特殊遺跡の発達とともに盛行した石棒に注目し、この石棒やストーンサークルの立石は、男性のシンボルと考えることはできないとしている。

中部地方の縄文中期初頭のストーンサークルの中央にある立石遺構は次第に小型化し、特定の竪穴住居址の中に持ち込まれ、河原石を積み上げた中央に角材のように面取りをした石を立てた。中期中葉には中央の石が円柱に、さらに後期には先端が亀頭状に加工され、敷石も住居の形（柄鏡《えかがみ》形）に敷き詰められていく（敷石住居址）。そして問題は、この遺跡には、石棒を伴う例の多いことで、敷石住居址の片隅に、石棒が立てられているのだという。

これらのことを指摘したうえで、後藤氏は石棒が男性のシンボルとは考えられないと述べ、次のように記す。

従来、この石棒の意義や機能については（中略）、縄文時代に男根崇拝の風習があったと信じている者が多かった。たしかに、石棒がもっとも盛んに作られたのは（中略）、土偶がもっとも盛んに作られた時期とぴったり符合している。したがって、土偶と石棒とは密接な関係があり、両者ともに陰陽あいまって、子孫繁栄・五穀豊穣を願う性信仰の対象であったとするのである。

しかしそれならば、石棒が縄文中期に突然出現し、縄文晩期に消滅して、農耕社会となった弥生時代にはなぜ存在しなかったのであろうか。それは、具象的な造型をことさら避けていた縄文人が作ったものである。その表面的形状だけを見て連想的に推断するのは、きわめて危険である。（『日本の古代　4　縄文・弥生の生活』森浩一編　中公文庫）

なるほど、後藤氏の考えにも一理ある。弥生時代以降、稲作農耕民は、稲の豊穣を男女の「性信仰」に求める例が少なくなかった。神話における猨田彦大神《さるたひこのおおかみ》と天宇受売《あめのうずめ》のエロティックな描写や、その後の祭祀《さいし》からも、性神信仰の存在がうかがわれる。西日本三大奇祭と称される飛鳥の飛鳥坐神社《あすかにいますじんじゃ》の「御田祭《おんだまつり》」では、男女の交合シーンがユーモラスに演じられ、五穀豊穣の祈願が行われてきたものだ。それにもかかわらず、縄文時代に盛行した石棒が弥生時代に引き継がれなかったのだから、石棒は男性のシンボルではない、と後藤氏はいうのである。

また、縄文土器や土偶に見られる縄文人特有な「抽象的作風」から考えれば、亀頭状の石棒は、あまりにもリアルで露骨なのだから、これを見たままにとらえることはできない、と指摘したのである。

しかし、これは深読みがすぎるのではあるまいか。石棒に亀頭状の細工がほどこされていて、しかも亀頭を表しているのではないのだとすると、逆に何を抽象化したものなのか、判断に窮する。温泉街につきものの「秘宝館」の猥雑《わいざつ》な習俗を見るにつけ、縄文人の性信仰は、しっかりと現代にも引き継がれていると考えざるをえない。信州一帯に分布する道祖神《どうそじん》や、大黒様《だいこくさま》（大国主神《おおくにぬしのかみ》）の頭巾《ずきん》、稲荷信仰の狐の尻尾《しっぽ》。どれも男女の性器をかたどっている。これは、稲作民族が持ち込んだと考えるよりも、縄文時代以来引き継がれてきた民俗と考えた方が自然である。

また、これはあくまで想像に過ぎないのだが、ストーンサークルの立石にしても、太陽がもっとも弱まる冬至の季節、立石の影がもっとも長くなることが、ひとつの信仰の対象になったのではないかと思えてくる。すなわち、「表」の太陽は確かに衰弱している。しかし「裏」の影は、再生に向けて高々と屹立しているのだ。その「裏の力＝太陽の長く伸びた影」が、女性の母胎を象徴する「円＝サークル」を突き、再生の呪術が完了するのである。

さらに、世界中の「立石」＝「柱」は、太陽信仰のシンボルなのであって、「柱」は太陽神の依代《よりしろ》なのである。これは、縄文信仰の名残をとどめると言われる諏訪の御《おん》柱祭《ばしら》の「御柱」にも共通した原理であろう。

ひとつのセットとして祀られた太陽神と豊穣の女神

とするならば、石棒や石柱も、太陽信仰の象徴であるとともに、男性自身なのであって、「石柱＝太陽神の依り憑《よ》《つ》くもの」が母なる大地に突き刺さった様子が、ストーンサークルに描かれていたと見て、大過あるまい。つまり、ストーンサークルの石柱は「男根」そのものであり、そこから派生した石棒も、やはり男根と解した方が自然である。

大和岩雄氏は『神々の考古学』（大和書房）の中で、石棒や石柱を男根と見なさない後藤氏の考えは大きな誤解だと指摘している。たとえば、弥生時代にも石棒の伝統は継承されていること、さらに、信州などに見られる道祖神は、縄文時代と同じ男根状の石棒・石柱をそのまま使用しているといい、

男性の性器、または男女の性器が境の神になっているのは、境界が相反するものが結びつく結界《けっかい》だからであり、その結びつきが新しい生命《いのち》の創造、豊饒《ほうじょう》を約束するからで

ある。性交は相反する性器をもつ男女の結びつきであり、性交表現は結界表現だから、道祖神には男女が結びあった結界表現があり（後略）

と指摘している。その通りであろう。

土地の境界の祭祀に男女の性交表現が用いられたのは、季節の「境界」である冬至に、ストーンサークルで男女の交合を表した発想と同じである。

縄文時代のストーンサークルにこれだけ注目したのは、太古の信仰形態が、「男性の太陽神」と「豊穣の女神」のセットであったことを確かめておきたかったからである。そして、八世紀に創作された中臣神道によって、日本の古い文化や習俗は、地下に潜ったと考えられる。

また、本来男女ペアで豊穣をもたらすという発想も、女性の太陽神という「発明」によって、忘れ去られてしまったということであろうか。だが、稲荷には、しっかりと男女の神がいたようである。たとえばそれが狐である。

稲荷信仰に「狐」がつき物であることにあまり深入りしていないが、その狐の置物の多くは、尻尾が男根形をしている。また、狐の置物の裏側に、男性器と女性器が結合した淫靡《いんび》な姿を描写した代物《しろもの》が存在するのだという。これこそが、稲荷神の豊穣の神としての原型をいまにとどめるオブジェといえよう。

さらに、太古以来稲荷山には不思議な巨石が屹立し、これを「お塚」とよんでいるが、「山」は「大地」であり、女神が支配する領域である。その「山」に男根状の巨石が屹立していたという図式は、まさに縄文時代のストーンサークル（環状列石）を連想させるのである。

すなわち、このような「男神・女神の交合」による「再生と豊穣」を願う習俗が、稲荷信仰の基層を流れていたのである。

強烈な祟《たた》りを連想させる稲荷神

稲荷信仰は、祟る神であるとともに豊穣の神であるという二律背反の性格をもち、この矛盾した性格こそが、日本人の神の観念にほかならなかった。たとえば先述した大森惠子氏は、『稲荷信仰と宗教民俗』の中で、次のような興味深い指摘を行っている。

民家がぎっしり建ち込んだ都市の露路奥の一隅に、ひっそりと祭祀されている稲荷

密かに受け継がれた太古の信仰形態

小祠《しょうし》の由来を尋ねると、かならずといってよいほど、次のような由来伝承をもっている。すなわちその稲荷の社地は、その昔怨念《おんねん》をこの世に残して死亡した女性を葬《ほうむ》った場所に当るとともに、その女の怨霊《おんりょう》・御霊を鎮《しず》めるために、葬地のうえに稲荷祠を祀ったのが始まりとされる場合が多い。京都市下京区堺町通松原下ル鍛冶屋町の民家と民家にはさまれた露路奥に鎮座する命婦稲荷《みょうぶいなり》神社も、この種の稲荷社である。命婦稲荷神社は、能楽「鉄輪《かなわ》」の題材にもなった鉄輪塚の墳上に祭祀された古墳稲荷でもあり、御霊稲荷でもある。

このように、稲荷信仰の原形は、祟る者の鎮魂であった疑いが強いのである。
ただ、なぜ稲荷の神は、強烈なまでに「祟りを連想させる力をもっていたのか」、その理由がはっきりとはわからないのである。

これまで指摘してきたのは、稲荷信仰の根源は稲作民族の習俗から解き明かせるのではなく、「水の祟り」が根底に隠されていた、ということだった。原理的にはそうであっても、このような信仰が成立し、人々が信じ込んだ背景に、何かしらのきっかけがあったのではないかと思えるのである。だが、その手がかりがない。

では、このまま謎《なぞ》は解けないままなのであろうか。

ヒントがある。それが出雲の神・大国主神なのである。

すでに触れたように、東寺系の伝承によれば、稲荷の神は初め稲を背負った翁《おきな》の姿で現れたとある。これに対し出雲大社の特殊神事には「身逃げの神事」というものがあって、大国主神がそっくりな姿で登場している。

身逃げの神事は、『日本書紀』や『古事記』の神話にある「出雲の国譲り」を再現したものと思われる。

神話の中で、天孫族の国譲りの強要に対し、大国主神は子の事代主神《ことしろぬしのかみ》（言代主神）に判断を委《ゆだ》ねた。事代主神は国を譲り渡すことを承諾し、海中に八重《やえ》の青柴垣《あおふしがき》の神籬《ひもろぎ》をつくり、去っていった。

大国主神はこれを聞いて、

「もし私が抵抗すれば、国中が天孫族に反抗します。逆に、私がここを去れば、みな従うでしょう」

といって幽界に去っていったという。身逃《みにげ》の神事《しんじ》は、この大国主神が国譲りをし、幽界に去る直前の出来事を神事にして再現したものとされている。国譲りを受諾した大国主神を天神《あまつかみ》が稲佐《いなさ》の浜《はま》で饗応《きょうおう》したといい、大国主神は宴に招かれ、出雲大社から稲佐の浜まで神幸《しんこう》するという設定だ。具体的には、次のように祭りは進行する。

旧暦の七月四日（現在は八月十四日）の深夜、潔斎《けっさい》と神事を終えた禰宜《ねぎ》は、狩衣《かりぎぬ》に青竹の杖《つえ》、左手に真菰《まこも》の苞《しぼ》と火縄筒《ひなわづつ》を持って神幸を始める。この場面で禰宜は大国主神の依代《よりしろ》の役目を勤め、大国主神そのものとなる。

また、この祭りをなぜ「身逃げの神事」と呼ぶかというと、この晩出雲国造《いずもこくそう》は、祭りに参加せず、そっと身を隠しているからである。

本来ならば、出雲国造が大国主神の依代になるべきものを、なぜ禰宜に任せ、自《みずか》らは隠れてしまうのか、大きな謎《なぞ》が残される。けれども、この出雲国造の不可解な行動の意味については、他の拙著の中で詳述したので、ここでは深入りしない（『出雲大社の暗号』講談社）。

問題は、大国主神が征服者＝天神の饗応を受けるという祭りの設定であり、神話によれば、大国主神はこの直後、幽界に去っていくのだから、ようするに大国主神はこの宴でだまし討ちにあったのだろう。だから出雲の神々は、恨み、祟ると人びとは信じ、また出雲では、歴史の真相を後世に伝えるために、奇妙な祭りをつづけてきたのだろう。

「神話や伝説の世界を史実と見なせるのか」

と反論されるかもしれない。しかし、『日本書紀』はヤマト建国の詳細を熟知していたからこそ、歴史改竄《かいざん》を目論み、神話の中に、歴史を封印してしまった可能性が高いのである。

それはともかく、なぜ身逃げの神事に注目したかというと、禰宜《ねぎ》＝大国主神の姿が稲荷の老翁に似ているからである。

稲荷の老翁は稲を担《にな》っていたが、これは、この神の「霊力」を暗示していたものであろう。かたや大国主神は、真菰の苞をもっていた。真菰は水草であり、大国主神が真菰の苞をもっていたのは、祟る水の神を暗示しているのである。

もうひとつ指摘しておきたいのは出雲国造家に残された伝承である。千家尊統氏は『出雲大社』の中で、
国造《こくそう》が死去（神避《かみさ》りという）するや（中略）、身まかった前国造を小門から赤い牛にのせてはこび出し、杵築《きつき》の東南菱根《ひしね》の池に水葬することになっていた。国造は永生であるから墓がないというのがその主旨である。前国造の遺骸《いがい》を赤牛にのせてはこぶというところから、大社町の界隈《かいわい》では、重態の病人がいよいよ回復しないと見きわめがつくと、「あの人もとうとう赤牛だ」と今でもいっている。

と指摘している。

火継ぎの神事によって出雲国造は天穂日命《あまのほひのみこと》の魂を引き継ぐ。だから観念的に死なないとはいえ、なぜ水葬なのか。

明治三十七年（一九〇四）に出雲国造家から政府に提出された報告書には、上代の国造は土葬にしたが（古墳に埋葬）、いつのころからか、菱根池（現在はない）への水葬に変わったのだとしている。しかも、国造が亡《な》くなると直ちに菩提寺《ぼだいじ》に亡骸《なきがら》を安置し、生きているように周囲は振る舞い、十七日間喪《も》を隠すのだという。その間、相続者は神魂《かもす》神社（上古は熊野神社）に参向し、神火相続の式を執り行い、そのうえでようやく先代の死を公表するのだという。

十七日間喪を隠すのも深い意味が隠されているように思うのだが、それはおいておくとしても、国造をわざわざ水葬にするのは、出雲の神と「水」や「海」が深い縁で結ばれていたからであろう。

『古事記』神話には、出雲神・八千矛神《やちほこのかみ》（大国主神）と結ばれた高志《こし》（越）の沼河比売《ぬなかわひめ》（奴奈川姫）が、正妻・須勢理毘売《すせりびめ》の嫉妬《しっと》を受けたという神話があり、糸魚川市周辺では、八千矛神のもとから去った姫は、この地にたどり着き、ひどく嘆き、葦原《あしはら》に入水《じゅすい》して果てたという。

このように、出雲に関わる悲劇の神々のことごとくが「水」の中に亡骸を横たえている。これは偶然ではあるまい。

すなわち、国譲りを強要され、また、出雲で悲劇的な待遇を受けた神々は、怨《うら》みをもって水の中に沈んでいったのであり、出雲の神々は水の中から現世を呪《のろ》う、と誰もが信じていた証《あかし》である。

そして稲荷信仰の奥に水の呪いが秘められていたのは、このような出雲の悲劇とつながっていたからではあるまいか。そう思う理由はいくつもある。

たとえば、ヤマト建国直後に出雲が没落していたことは、考古学的にも確かめられていて、出雲の国譲り神話が、何かしらの史実を本に編まれていた可能性が高いこと、さらに、ヤマト建国来、朝廷が必要以上に出雲神を恐れ続けていたからである。

そして、出雲神の祟りをいかに封じ込めるかが「神道」最大のテーマだったのではないかと思えるからである。

つまり、藤原氏によって闇に葬られたヤマトの信仰形態は、地下水脈を通り、稲荷信仰へ結びついていったのではないかと推理するのである。

それでは稲荷の「水の祟り」や出雲の「水の呪い」と「祟る天皇」の関係はいかなるものだったのか。次章で、その謎解きをしてみよう。

第4章　日本を支配する呪いと祟りの正体

なぜヤマト建国に弱い王が求められたのか

日本の呪《のろ》いと祟《たた》りは、深い歴史に裏付けられていたことがわかった。しかもそれは、縄文時代以来の日本人の民族宗教と密接に関わり、なおかつ、神話の世界から稲荷信仰にいたるまで、ありとあらゆる場面で、呪いと祟りが意味をもってきていたのである。

また、為政者たちが、呪いと祟りを恐れ、祟る神々を歴史から抹殺《まっさつ》しようとする気配も感じ取れた。

たとえば、稲荷信仰の根っこを掘り起こせば、祟る豊穣《ほうじょう》の女神に行き着くにもかかわらず、日本を代表する祟る豊穣の女神・豊受大神《とようけのおおかみ》は、八世紀に編纂《へんさん》された『日本書紀』の中で、なぜか無視されていたのである。

この事実は、「神話」の世界が、八世紀の朝廷と深い因果でつながっていて、しかもそれは、ヤマト朝廷の政争史と密接に関わっていたことを暗示しているのである。また、七世紀から八世紀にかけての政争の因縁も、根をたどれば、結局ヤマト建国当初の「王」の誕生の時点にまで遡《さかのぼ》る疑いが強いのである。

もっとも、「天皇家（大王家《だいおうけ》）」がヤマト建国以来続いていたかどうか、それはわからない。しかし、血のつながりは定かでないとしても、「ヤマトの王」の立場と伝統は、守られたのではあるまいか。ここにいう「ヤマトの王」とは、すなわち、権力を持たない脆弱《ぜいじゃく》な王のことである。

考古学の進展によって、三世紀なかばから四世紀にかけてヤマトは建国されたこと、この時王は各地の首長層の総意のもとに共立されたと考えられるようになった。たとえば、権力の象徴と思われてきた巨大な前方後円墳は、実際には数々の埋葬文化を寄せ集めた、「妥協の産物」であったことがわかってきたのである。

説話上のヤマト建国は神武《じんむ》天皇の東征に求められるが、神武はヤマト土着の首長・長髄彦《ながすねひこ》の抵抗に遭い敗れ去っていたのであり、大きく迂回《うかい》した熊野の山中では、土着の神の毒気に当たってほうほうの体《てい》だった。神武の軍勢はヤマトの一首長の抵抗にさえ往生したのであり、これを征服といえるかどうか、実に心許《こころもと》ない。

では、どうして神武がヤマトの王になれたのかというと、ヤマトの基礎を築いていた饒速日命《にぎはやひのみこと》と子の可美真手命《うましまでのみこと》が長髄彦を殺し、神武を迎え入れたからにほかならない。

つまり、『日本書紀』の記述を読み直せば、ヤマトの内部の混乱と妥協によって神武が迎え入れられたことがはっきりとする。そして、他の拙著の中で述べたように、ヤマトの王は、司祭王の役割を担わされていくのである。

問題は、このような「力のない王」という王権の伝統が、そのまま七世紀にいたるまで継承されたということなのである。逆に問い直せば、なぜ三世紀の時点で、力のない王をヤマトの首長層たちは求めたのかということになる。王権の発足時に、弱い王が、なぜ担ぎあげられたのか。しかも、その王権が潰《つぶ》されることなく継続されたのである。

くり返すが、万世一系の天皇家が真実だったといっているのではない。王家の血統が三世紀来守られたかどうかの確証はどこにもない。ただ、例外はあったにしても、弱い王権という伝統、原則は確かに守られてきた、といっているのである。

ここに日本の不思議が隠されていることはあらためて述べるまでもない。そして、この謎《なぞ》を解く鍵《かぎ》は、「呪い」や「祟り」にあるのではなかったか……。そう思うからこそ、稲荷信仰にまで足を踏み入れたのである。

では、なぜこのようなことが言えるのか、順を追って説明していこう。

ふたりの初代王は祟る王

八世紀の『日本書紀』の編者は、ヤマト建国のいきさつを熟知していた疑いがある。というのも、『日本書紀』には初代神武天皇と第十代の崇神《すじん》天皇のふたりの「ハックニシラス天皇《すめらみこと》」＝「初めてこの国を統治した天皇」が登場し、本来ひとりであった初代天皇を、わざわざふたりに書き分けているとしか思えない。ふたりの事蹟をひとつにしてみると、考古学の指摘するヤマト建国の経過とぴったりと重なるからである。『日本書紀』はこの間の事情を隠匿《いんとく》するために、小細工を施したと考えられるのである。

たとえば、三世紀のヤマト（纒向《まきむく》）には出雲、吉備《きび》、東海、北陸の土器が集まり、最後の最後に北部九州の埋葬文化が流入した。これは各地から神や人がヤマトに集まり、最後に神武が九州からやってきたという『日本書紀』の記述に符合する。

さらに、『日本書紀』には崇神天皇の時代、各地に四道将軍《しどうしょうぐん》が派遣され、ヤマト朝廷の支配領域が確定されたとあるが、ヤマト建国後、新しい埋葬文化「前方後円墳」は各地に受け入れられ、その地域は四道将軍の行動範囲とほぼ重なっていたのである。

このように、ふたりのハックニシラス天皇を重ねてみて初めてヤマト建国の実態が明らかになるということは、八世紀の『日本書紀』編者がヤマト建国の詳細を熟知し、だからこそハックニシラス天皇をふたりに分け、事実を隠蔽《いんぺい》しようと動いていた証拠となろう。

また、二人のハックニシラス天皇の漢風諡号《しごう》に、「神」の名が冠せられていることも、無視できない。

一般の常識を当てはめれば、彼らは「神のような徳を備えた天皇」、あるいは「神のような業績を残した天皇」ということになろう。しかし、日本人にとっての神は、「祟る恐ろしい鬼」であり、神武と崇神の「神」を、たんなる礼讃《らいさん》とみなすことはできなくなる。

事実、崇神天皇は大物主神《おおものぬしのかみ》の祟りに怯《おび》えたのだから、「神（鬼）を崇《あが》めた天皇」であり、かたや神武天皇がヤマト入りに成功したのは、単純な武力ではなく、敵を呪《のろ》い「神（鬼）の武力（呪力《じゅりょく》）」を用いたからだ。

このあと触れるように、神の名を冠する皇族は、初代神武と第十代崇神のほかに、神功皇后と子の第十五代応神天皇の例があるが、彼らもまたヤマト建国に密接にかかわっていたと筆者はみる。神武と応神は同一人物で、神武と崇神は同時代人と考えている。いずれにせよ、ヤマト建国と鬼（神）は、無関係ではない。

漢風諡号は『日本書紀』完成後の八世紀後半に淡海三船《おうみのみふね》の手で編み出されたのだが、ヤマト黎明期《れいめいき》の王が「鬼のような人たち」だったことは、広く知れ渡っていたのだろう。その逆に『日本書紀』の編者は、ヤマトの王の属性から、鬼の要素を薄めようと苦心していたように思えてならない。もちろんそれは、彼らがヤマト建国の真相を承知していたからだろう。

祟るヒスイの王家を潰した持統《じとう》と不比等《ふひと》

ここで話は、一度七世紀に飛ぶ。このとき、ヤマトの王の性格は、いったん変質するからである。古い王を抜け出し、新たな王をつくろうと模索した時代が七世紀なのであって、この過程を知ることで、三世紀の王の意味が逆に見えてくるはずなのである。

さて、壬申《じんしん》の乱を制して即位した天武《てんむ》天皇の死後、持統天皇は異常な回数の吉野行幸《よしのぎょうこう》（奈良県吉野郡吉野町）をくりかえした。これは吉野という神仙境に籠《こ》もることで、新たな霊力と権威を勝ち取ろうとする涙ぐましい努力だったのだが、それはとりもなおさず、女帝が藤原不比等の創作した「皇祖神・天照大神《あまてらすおおみかみ》」に変身するための呪術《じゅじゅつ》でもあった。

それにしても、なぜ持統は偉大な夫・天武天皇を「皇祖神」に仕立て上げずに、自らを「新たな女神」になぞらえ君臨しようと企《たくら》んだのであろうか。

持統天皇はこの頃、不思議な歌を詠《うた》っている。それが『万葉集』に残された「天《あま》の香具山《かぐやま》の歌」なのである。


春過《はるす》ぎて夏来《なつきた》るらし白栲《しろたへ》の衣乾《ころもほ》したり天《あま》の香具山《かぐやま》

春が終わり夏が来て、いま天の香具山に白い衣が乾してある……。実に即物的な歌であるが、一般には、これは飛鳥の牧歌的な風景を描いたものと考えられている。だが、この歌は政権交替を暗示している。

作家の梅澤恵美子氏は、この歌が「天の羽衣伝承」であることを喝破《かっぱ》した。すなわち、天の香具山というヤマトを代表する霊山に乾してある衣とは、真名井《まない》で沐浴《もくよく》している豊受大神《とようけのおおかみ》の羽衣にほかならないとし、この歌が、七世紀に飛鳥を牛耳《ぎゅうじ》った「トヨの王家」を詠ったものだと推理した。すなわち、蘇我系の王家を、天智《てんぢ》の娘・持統が乗っ取ろうとしたというのである。

すでに触れたように、飛鳥の蘇我系の王家は「トヨ」と密接な関係を持っていた。

そして、持統天皇の夫・天武天皇も、尾張氏や蘇我氏、物部氏といった、「飛鳥のトヨの政権」を支えた血脈と深く結びついていた。壬申の乱の勝利も、彼らの力を想定しない限り考えられなかった。壬申の乱とは、いわば中大兄皇子《なかのおおえのみこ》（天智天皇）と中臣鎌足《なかとみのかまたり》の企てた乙巳《いっし》の変（蘇我入鹿《そがのいるか》暗殺）に対する弔い合戦の要素も含まれていたのである。

そして、天武天皇によって一度ひっくり返された政権を、もう一度ひっくり返したのが、持統と藤原不比等だったわけである。

このことは、天武と持統の国風諡号からも明らかだ。天武のそれは「天渟中原瀛真人天皇《あまのぬなはらのおきのまひとのすめらみこと》」で、「渟中＝ヌナ＝ヒスイ」が明記されている。これは、天武が蘇我系の「ヒスイの王」であったことを暗示している。

これに対し持統の諡号は「高天原広野姫天皇《たかまのはらひろのひめのすめらみこと》」で、「高天原」に君臨する天照大神のイメージが明確に示されている。

天武天皇は飛鳥時代の「トヨの王家」の後継者で、かたや持統天皇は、豊穣の女神「トヨ（豊受大神）」から天の羽衣を奪っていたのである。

さらに、このような目に見えない政変劇ののちに、藤原不比等の強い影響力のもとで記された歴史書が『日本書紀』であった。

藤原不比等は「祟るヒスイ」を捨て去るだけではなく、「祟る王」がなぜ誕生した

藤原系vs反藤原系の歴史的攻防

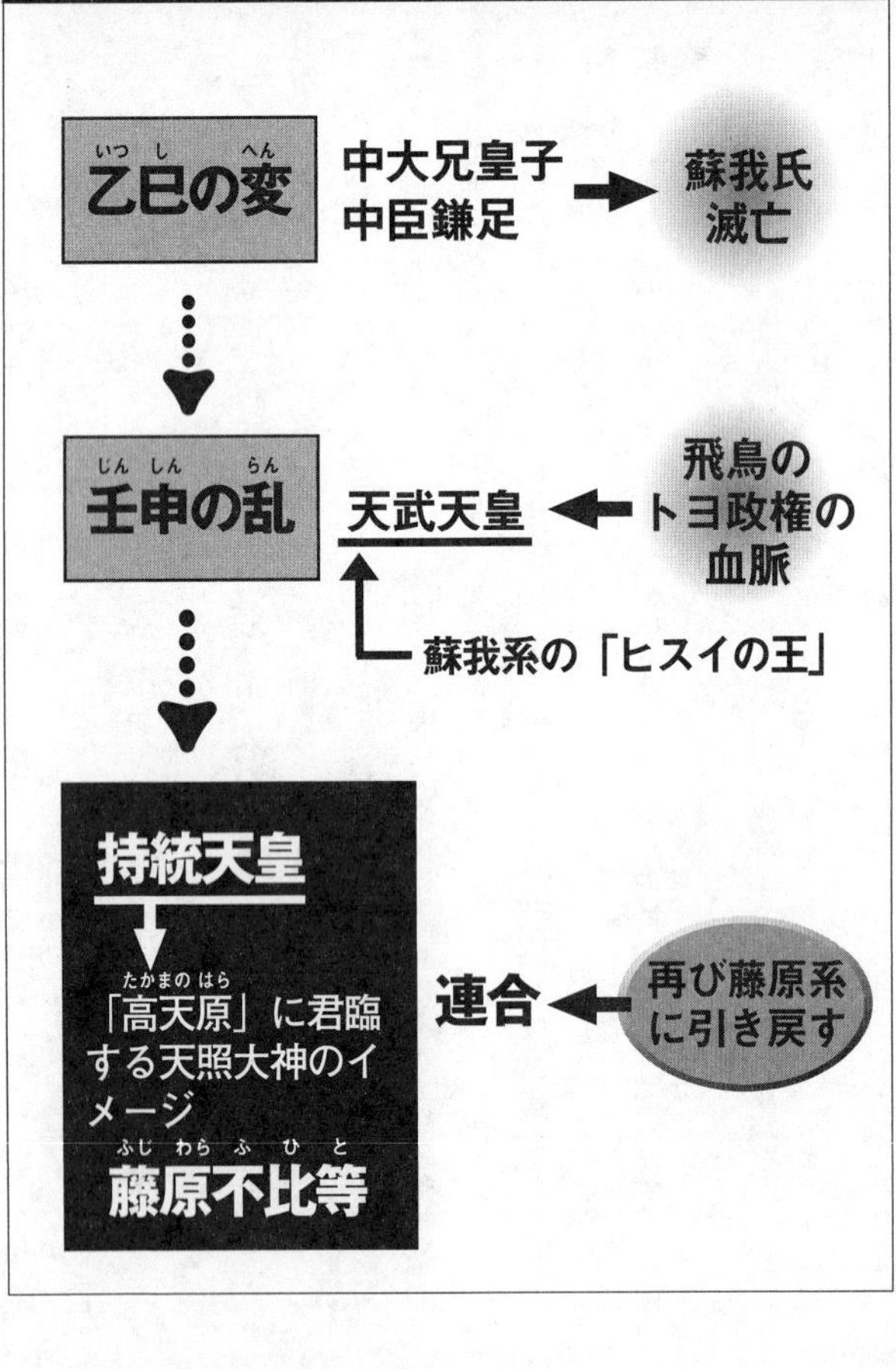

のか、その真相をも闇に葬《ほうむ》り去ったのである。

聖武《しょうむ》天皇はなぜ宇佐《うさ》八幡を特別扱いしたのか

では、七世紀の「トヨの王家」とはいったいなんだったのだろうか。なぜ蘇我氏を中心とする飛鳥の王家は、「トヨの王家」を自認していたのか。

結論を先に言ってしまえば、七世紀の蘇我系の王家は「神功皇后と武内宿禰のコンビ」を強く意識していたのである。

神功皇后は「トヨの女神」と強い接点を持ち、トヨの王家の始祖であった。かたや武内宿禰は、蘇我氏の祖である。神功皇后も七世紀の推古天皇も、どちらも豊浦宮とかかわりをもち、推古天皇と蘇我馬子のコンビは、そのまま神功皇后と武内宿禰の組み合わせにそっくりなのだ。

第一章で触れたように、武内宿禰の末裔《まつえい》・蘇我氏は、出雲と強く結ばれていた。武内宿禰が付き従った神功皇后は、熊襲征討に際し、越（北陸）から日本海づたいに出雲を経由して九州に赴いたという。ヤマトから瀬戸内を通って九州に赴けばよいのに、わざわざこのような設定を必要としたのは、神功皇后と武内宿禰が、「出雲」や「日本海」を代表する者だったからだろう。

さらに、祟《たた》る出雲神が恐れられたのは、神功皇后と武内宿禰のコンビ（出雲）が、三世紀のヤマト建国に密接にかかわり、「祟る王」を生み出すきっかけを作ったからだ。だから八世紀の藤原氏は、「蘇我氏の祖がヤマト建国に貢献していた」事実や、「蘇我氏と王家の密接な関係」を抹殺するために、ヤマト建国の歴史を根本から書き換えてしまったのである。

つまり、「祟る王」「呪《のろ》う王」の秘密を解きあかすには、神功皇后と武内宿禰の正体を突きとめればよいことになる。稲荷信仰と重なってきた「祟る出雲神」の謎《なぞ》も、秘密を握っていたのは、神功皇后と武内宿禰のコンビだったことになる。

では、どのように謎解きをすればよいのだろう。ヒントは意外な場所にある。それが八世紀にヤマトに勧請《かんじょう》された宇佐《うさ》八幡である。

この神社がヤマトに連れてこられた背景の中に、三世紀から八世紀にかけてのヤマトの歴史や呪いと祟りのカラクリが凝縮されていたからである。

そこで以下、しばらく八幡神について考えてみたい。

さて、藤原氏繁栄の基礎を築いたのは中臣鎌足ではなく、その子の藤原不比等であった。藤原不比等は平城京遷都《せんと》に際し、時の左大臣・石上《いそのかみの》（物部《もののべ》）麻呂《まろ》を旧都（藤原京）の留守居役に命じる勅命《ちょくめい》を引き出し、物部氏は没落する。さらに不比等は娘を天皇家に入内《じゅだい》させ、その身籠《みご》もった子を即位させることで、自家の繁栄の図式をうち立てた。こうして藤原不比等は、藤原氏だけの天下を築いたのである。

藤原氏は多くの皇族や豪族の血を吸って成長していくのだが、蹉跌《さてつ》がまったくなかったわけではない。藤原不比等の死後天下を牛耳った不比等の四人の子は、政敵の長《なが》屋王《やおう》を陰謀で葬り去るが、その直後、天然痘《てんねんとう》の病魔に倒れ、ほぼ同時期に全滅して果てた。そしてこの直後、藤原不比等の孫に当たる聖武天皇が、突然「反藤原の天皇」に豹変《ひょうへん》し、東大寺の建立《こんりゅう》を始める。また、宇佐の八幡神を東大寺のわきに勧請《かんじょう》し（手《た》向山八幡宮《むけやまはちまんぐう》）、東大寺の鎮守《ちんじゅ》に据えたのである。

八幡神はヤマトに勧請されただけではない。どういう理由か、八幡神は特別待遇を受けていくのである。

八幡神が朝廷に注目される契機は何回かあった。たとえば、養老《ようろう》四年（七二〇）二月に大隅《おおすみ》国の隼人《はやと》が反乱を起こしたときや、天平《てんぴょう》九年（七三七）四月、新羅《しらぎ》との間ににわかに緊張が走ったとき、朝廷は伊勢神宮、大神《おおみわ》神社、九州の住吉大社、同じく八幡社（宇佐神宮・宇佐八幡社）と香椎宮《かしいみや》に使者を送り奉幣《ほうへい》をしたとある。さらに、天平十二年（七四〇）十月、藤原広嗣《ひろつぐ》が九州で反乱を起こした際、大将軍・大野東人《おおののあずまひと》が八幡神に戦勝祈願を行っている。

隼人の反乱や藤原広嗣の乱に際し八幡社が重視された理由は、この一帯が兵站《へいたん》基地となり、地理的、軍事的に重要になったからであろう。また、新羅との外向問題で八幡神が重視されたのは、この頃から新羅征討を果たした経歴を持つ神功皇后《じんぐうこうごう》の子の応《おう》神《じん》天皇が八幡神と同一視され始めたからであろうとされている。

この三つの事例は、まだ「地方の神社」にすぎなかったときの宇佐八幡である。天平十八年（七四六）には、聖武天皇の病気平癒《へいゆ》のために、験《しるし》があったため、八幡大神に三位が叙せられたという（『東大寺要録《とうだいじようろく》』）。さらに、聖武天皇が娘の孝謙《こうけん》天皇に譲位をした直後の天平勝宝《しょうほう》元年（七四九）十一月には、八幡大神が都に迎え入れられた。神を迎える使者が出され、途中の国々の兵士百人以上が遣わされ、護衛にあたり、殺生を禁じたという。こうして十二月、八幡大神の禰宜尼《ねぎに》・大神朝臣社女《おおがのあそんもりめ》は東大寺を拝したという。そして、八幡大神に一品《いっぽん》、比咩神《ひめかみ》には二品《にほん》の神階が奉《たてまつ》られた、というのである。

なぜこのような特別待遇が宇佐八幡に与えられたのかについて、天平勝宝元年十二月の宣命《せんみょう》には、次のようにある。それによれば、天平十二年（七四〇）、河内の智識《ちしき》寺《じ》の盧遮那仏《るしゃなぶつ》を拝んだとき、朕《われ》（私……このときの天皇は孝謙天皇だが、宣命の主は聖武天皇とされている）もこのようなものをつくってみたいと願ったが、なかなか思い通りに事は運ばなかった。そんなおりもおり、八幡大神の託宣《たくせん》があり、「神である私は天神地祇《てんじんちぎ》を率いいざない、必ず成功させてみせよう」と告げられたのだった、というのである。そして、このうれしい神託を得て、こうして盧遮那仏をつくることができたのだから、神階をさし上げたのだ、というのである。

こうして宇佐八幡は、日本を代表する神社にのし上がったのである。

それにしても、突然宇佐八幡が、脚光を浴びはじめたのはなぜだろう。

疫病神としての八幡神

『東大寺要録』の記事が気になる。聖武天皇の病気平癒に宇佐八幡の呪験力《じゅげんりょく》が効いたという話である。

宇佐八幡と「病気」には、強い因果が隠されている。というのも、この地域が海外文化の流入する地であり、最先端の医療技術がもたらされる場であったからだ。このため、豊国奇巫《とよくにのあやしきかんなぎ》や豊国法師《とよくにのほうし》といった、いまでいえばブラックジャックのような名医が集まっていたわけである。

もちろん、当時の医療活動は、呪術的側面をもちあわせていた。それは、病気が「悪霊がもたらすもの」という俗信があったためで、仏教、道教、神道がごちゃ混ぜになった怪しげな者たちの呪験力が期待されたのである。

また、豊国の「毉術《いじゅつ》」に期待が持たれたもうひとつの理由に、病をもたらす「悪霊」が、西からやってくると考えられていたことも大きな理由ではなかったか。

藤原四兄弟を襲った天然痘（天平九年＝七三七年）は、まず北部九州で流行し、これが瀬戸内海を東進してヤマトに侵入したものだ。朝鮮半島……北部九州……ヤマト……これが当時の流行病の「感染ルート」だったからである。

つまり、北部九州や宇佐は、ヤマトから見て「病気をもたらす恐ろしい地域」で、宇佐八幡神こそ、祟りをもたらす恐ろしい神と信じられていたのだろう。

祟りをもたらす神は、祟りを調伏する神でもある。

聖武天皇が宇佐八幡をヤマトに勧請した理由も、ここにあったのではあるまいか。

藤原四兄弟の全滅は聖武天皇の時代の悪夢であった。死んだのは四人だけではない。都中が恐怖のどん底に落とされたのである。その原因は、藤原四兄弟が陰謀にはめた長屋王の祟りと信じられていたであろう。この祟りを押さえ込むために、病をもたらした西側の神、しかも恐ろしい神が求められたに違いないのだ。

さらに、藤原氏の横暴を封じ込めようと目論《もくろ》んだ聖武天皇にすれば、疫病神を勧請し東大寺のわきに据えたことで、藤原氏に対する押さえにしたと考えられる。

藤原氏は平城京ににらみをきかす東側の高台に興福寺を建てていたが、それをさらに脅《おびや》かす恐怖の神が八幡神である。

八幡信仰がこののち全国的な広がりを持って迎えられていくのは、このような祟る神の要素を持っていたからにほかなるまい。もちろん、八幡信仰の広がりは、中世の武士階級の台頭とも関わりがあったかも知れない。鎌倉幕府が鶴岡《つるがおか》八幡宮を鎌倉の中心に据えたように、八幡神は「武神」としての性格を強くしていたからである。

ただ、そうはいっても、「頼りになる神」というものは、要するに「祟る神」なのだということを忘れてはなるまい。「祟る神」だからこそ「豊穣の神」や「武の神」になり得るのであって、日本人にとって、八方美人のやさしい神など、なんの役にも立たないのである。八幡の社は全国に四万余。稲荷の社三万余と合わせて、日本中の神社の過半数を獲得することになる。稲荷の神が祟ると考えられ、だからこそ方々に祀《まつ》られたように、宇佐八幡も祟る神として恐れられていたのに違いないのである。

八幡神と応神天皇のつながり

宇佐八幡が祟ると考えられていたのは、ヤマトの西側にあるから、という理由だけだったのだろうか。ヤマトの西側にある神社は、宇佐八幡だけではなかったのだから、なぜ宇佐八幡を人々が恐れたのか、また、本当に恐れていたのかをあらためて確かめておく必要がある。

そもそも宇佐八幡宮とはどのような神社だったのだろう。

宇佐八幡宮の祀られる一帯は、朝鮮半島からヤマトへと続く海上ルート上にあり、古くから海外の文化が流入した。常に新しい文物に触れていた地域で、渡来系の人口も多く、ヤマト朝廷も宇佐周辺から最新の医療技術などを積極的に取り寄せたものだ。宗教観にも外来の要素が強く反映し、神仏習合《しんぶつしゅうごう》の流れもこの地域から始まったと見ていい。もちろん、宇佐八幡宮の祭神も、「神」であると同時に「仏」としての顔をもっていた。

八幡神を記したもっとも古い資料は弘仁《こうにん》六年（八一五）の大神清麻呂《おおがのきよまろ》解状《げじょう》で、そこには、八幡神を「件大菩薩是亦（品）太上天皇御霊」とあり、「品太《ほんだ》天皇＝応神天皇」

としている。そして八幡神は、欽明《きんめい》天皇の時代、馬城嶺《まきのみね》に出現し、大神朝臣比義《おおがのあそみひぎ》が祀ったことに始まると記されている。八幡神が「山」に降り立ったところから、八幡信仰も、もとをただせば、神奈備山《かんなびやま》信仰に端を発しているのではないかという指摘がある。もっとも、これらの記述はそのまま信じられているわけではなく、宇佐八幡宮の創建には、いまだに多くの謎《なぞ》が残されている。

だいたい、三柱の祭神の正体が、はっきりと分かっていない。それが、八幡大神《やはたのおおかみ》、比売大神《ひめおおかみ》、大帯姫命《おおたらしひめのみこと》で、八幡大神は応神天皇（誉田別命《ほんだわけのみこと》）、大帯姫命は神功皇后（息《おき》長足姫命《ながたらしひめのみこと》）と一般には信じられているが、これは奈良時代（平安時代とする説もある）に習合したものに過ぎないというのが、通説の考えだ。つまり、原始的な八幡信仰（母子信仰）に、北部九州で活躍した神功皇后（母《はは》）と応神天皇（子）の物語が重なってしまった（あるいは中央の意向によって、重ねられてしまった）ということになる。また比売大神に至っては、「女神だ」と言っているにすぎず、「名無しの権兵衛」である。

通説は、『日本書紀』や『古事記』に登場する神功皇后そのものが、実在の人物ではないと斬《き》り捨てていることもあって、宇佐神宮と神功皇后の関係を無視する。

しかし、これから述べていくように、神功皇后は「トヨ（豊）の女神」と強く結ばれていて、八幡神や大帯姫命が祀られる宇佐神宮の所在地は「豊国《とよのくに》（豊前《ぶぜん》国）」だ。

神《じん》功《ぐう》皇《こう》后《ごう》は架空の存在だったのか？

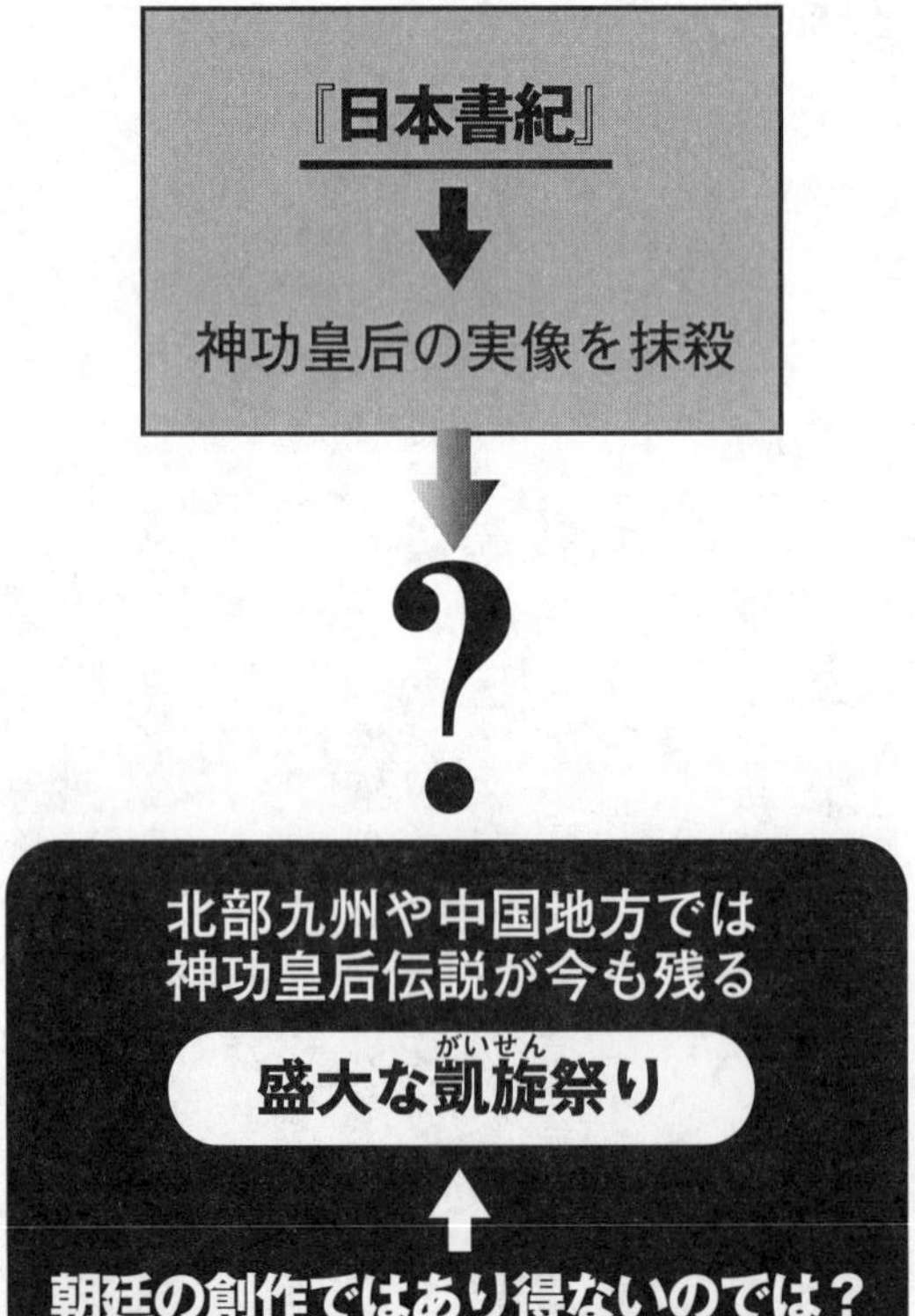
『日本書紀』
神功皇后の実像を抹殺
?
北部九州や中国地方では
神功皇后伝説が今も残る
盛大な凱旋《がいせん》祭り
朝廷の創作ではあり得ないのでは？

これははたして偶然なのだろうか。

宇佐神宮の祭神は祟る神

そこで注目されるのが、応神天皇の母で宇佐神宮の祭神・大帯姫《おおたらしひめ》と同一と目される神功皇后である。『日本書紀』の記述を信じるならば、神功皇后に祟《たた》るいわれはなかった。ところが、神功皇后は後世祟って出ると信じられていたのである。このことが神功皇后の実在性を証明しているように思えてならないのであり、祟るはずのない人物が祟るというのなら、祟る原因が抹殺されていた可能性が出てくるのである。

神功皇后は、北部九州から新羅《しらぎ》征伐を敢行し、応神を産み落とすと、神功皇后の一行の東進を阻止しようと立ちはだかった皇位継承候補たちを蹴《け》散《ち》らし、ヤマトに凱旋《がいせん》し、その後六十数年という神功皇后の摂政政治、さらには、その後の応神即位を導いた。このように、彼らは歴史の勝者なのだから、祟るいわれはないはずであった。

ところが、「祟る神功皇后」のイメージは、後の時代に語り継がれていたようである。

『続日本後紀《しょくにほんこうき》』の承和《じょうわ》十年（八四三）四月の条、『三代実録《さんだいじつろく》』元慶《がんぎょう》元年（八七七）七月

の条にはそれぞれ神功皇后が祟ったとあり、山陵に使者が遣《つか》わされ篤《あつ》く祀《まつ》ったとある。

一般に神功皇后は七世紀の女帝たちをモデルに『日本書紀』が捏造《ねつぞう》した偶像にすぎないといわれているが、張りぼての絵空事に、なぜ人々は怯《おび》えたというのだろう。

神功皇后を恐れていたのは九世紀の人々だけではない。「飛鳥のトヨの王家」を滅亡に追い込んだ持統天皇ゆかりの寺・薬師寺《やくしじ》も、神功皇后を密《ひそ》かに祀っている。

奈良県奈良市の西ノ京町の薬師寺の鎮守の杜《もり》は休ヶ岡《やすみがおか》八幡宮である。この社には国宝の神像が祀られている。それが神功皇后で、薬師寺には、持統天皇の陰謀にはめられ殺された大津皇子《おおつのみこ》も端整な顔立ちの神像となって祀られている。

神功皇后と大津皇子の神像が薬師寺と周辺に祀られていることは、実に暗示的である。

薬師寺は病の苦しみからいかに人々を救うかを目的に建てられた寺である。『日本書紀』の記述に従えば、天武天皇と皇后の鸕野《うの》（のちの持統天皇）が病に倒れ、それを契機に建てられたとあるが、要は疫神や祟り神からいかに逃れるかを模索した寺である。大津皇子が薬師寺で祀られるのも、濡《ぬ》れ衣《ぎぬ》を着せられ罪なくして殺されたこの人物の祟りを恐れたからにほかなるまい。

ここでひとつの疑念が浮かびあがってくる。持統天皇とゆかりの深い薬師寺が、大津皇子を祟り神と考え祀りあげたのは当然のことであった。ではなぜ、縁もゆかりもない八幡宮を鎮守に据《す》え、応神天皇や神功皇后を祀ったのであろう。

それは、神功皇后が祟る恐ろしい神であったこと、しかも、薬師寺と神功皇后が、目に見えぬ糸でつながっていたからではあるまいか。

すでに触れたように、神功皇后は平安時代に祟って人々を震え上がらせている。薬師寺が神功皇后を祀ったのは、この女人が「トヨ」とつながり、「トヨの宮（豊浦《とゆらの》宮《みや》）」に拠点を造っていたことと無関係ではあるまい。

天香具山《あまのかぐやま》の歌の場面で述べたように、持統天皇は「トヨの王家」を乗っ取っていた。「トヨの王家」の息の根を止めた具体的な事件が、大津皇子の殺害だったのであり、薬師寺が大津皇子と神功皇后の二体の神像を祀ったのは、薬師寺が「古代史の真相を熟知していた」からであろう。

つまり、一見して無関係に見える薬師寺と宇佐神宮は、「トヨの王家」というキーワードを当てはめることで、一本のたしかな線でつながってくるのである。くどいようだが、宇佐神宮は「トヨの国（豊前国）の一宮《いちのみや》」である。

そしてここで、神功皇后や宇佐神宮の祭神が祟る神であることがはっきりする。すでに触れたように、「神」の名を冠する神武天皇と崇神天皇は「鬼に祟られる天皇」「祟る鬼の天皇」で祟りに関わりをもつ天皇としておいたが、第十五代応神天皇とその母・神功皇后の名どちらにも「神」がつく。これは、彼らが祟る神そのものだったからにほかなるまい。

宇佐八幡の特殊神事に登場する饒速日命《にぎはやひのみこと》とトヨ

宇佐神宮の祭神が「祟る神」であったことは、この神社の特殊神事からも窺《うかが》える。

宇佐神宮と周辺では、放生会《ほうじょうえ》と行幸会《ぎょうこうえ》という特殊神事が営まれてきた。

放生会は養老四年（七二〇）に大隅《おおすみ》と日向《ひむか》の隼人《はやと》征伐《せいばつ》に豊前国司《ぶぜんこくし》が活躍したことに端を発している。すなわち、多くの隼人を殺生したことから、鎮魂のために放生会を始めたとされている。また、神功皇后の三韓《さんかん》征伐の凱旋を祝って始まったという伝承も残されている。

放生会の内容は、次のようなものだ。

豊前国田川郡の古宮八幡宮《こみやはちまんぐう》で宝鏡を三体つくる。この宝鏡を豊前国中津郡の「豊日別宮《とよひわけみや》」に奉納し、さらに宇佐宮の神幸に参加する。これとは別に、豊前国上毛郡《こうげ》の古表《こひょう》神社と下毛《しもげ》郡の古要《こよう》神社は船団に神体の傀儡子《くぐつ》（人形）を乗せ、祭りのメイン会場である宇佐の和間浜に向かう。蛤《はまぐり》などを海に放流し（これが放生）、傀儡子の舞《まい》（細《くわ》男《しお》の舞）を演じ、一連の行事は終わる。

一方行幸会は、八世紀の半ば、第四十八代称徳天皇の時代に始まった。きっかけは、やはり隼人征伐にあるらしい。

行幸会は四年に一度、宇佐神宮の御神体を新しいものにつくり替えるものだ。その御神体とは、豊前国下毛郡（中津市）の薦社《こもしゃ》の三角池《みすみいけ》で薦を刈り取り枕《まくら》にしたもので、八幡神が宇佐に現れるよりも早く降臨した八カ所の霊跡をめぐり、さらに宇佐神宮の下宮に鵜羽屋殿《うばやでん》を建て、安置する。神官は百日間の潔斎《けつさい》と十七日間の断食を終えたうえで薦枕《こもまくら》を本宮正殿に移し、また神輿《みこし》に乗せられ辺りを行幸する。古い枕は豊後国国前郡の奈多《なた》八幡宮から海に投げ込まれる。古い薦枕は、こうして竜宮に返されるのだという。ただし、この枕は潮に乗って必ず伊予《いよ》の八幡宮に届くともいわれている。

放生会も行幸会も、隼人の鎮魂のためというが、どうにも不可解だ。隼人の恨みを解くのに、どうして薦枕が必要だったのだろう。そして、なぜそれを「竜宮」に返す必要があったのだろう。第一、反乱を起こしたのは隼人の方であって、朝廷にはこれを討つ大義名分はそろっていた。同じように、こののち東北地方の蝦夷《えみし》を朝廷は征討するが、蝦夷の鎮魂を大々的に行ったという形跡はない。鎮魂を行うということは、攻めた側に非があって、だからこそ恨まれ、祟られてしまったことを認めたことに直結する。

三角池から薦を刈り取り、それを枕にしたのは、稲荷大社の「祟る稲」と同じ発想である。水の中から生えてくる草は、祟る水を象徴している。その祟る水の神の根源は、海の海神《わたつみ》の宮（竜宮）に住んでいるのであって、宇佐神宮の行幸会は、その海神を鎮魂するための祭りにほかなるまい。

住吉が宇佐でヤマトを敵に回すという謎

さらに、注目すべきは、行幸会に際し薦枕が巡幸する八カ所の神社で、そこは八幡神が宇佐に現れるよりも古く出現したとされる神社である。

豊後高田市界《さかい》の田笛社《たぶえしゃ》、宇佐市上田の鷹居社《たかいしゃ》、宇佐市樋田の瀬社《せしゃ》、宇佐市辛島の泉《いずみ》社《しゃ》、宇佐市下乙女の乙咩社《おとめしゃ》、宇佐市佐野の大根河社《おおねがわしゃ》、宇佐市安心院《あじむ》町妻垣の妻垣社《つまがきしゃ》、宇佐市北宇佐の小山田社《おやまだしゃ》がそうなのだが、問題は、これらの神社すべてが、湧《わ》き水や川といったなんらかの形で「水」に関わりのある神社であったことにある。すなわち、八幡神は「水」の神が原初の形なのであり、だからこそ、三角池の薦が御神体として祀られるわけである。

水の神が豊穣をもたらす神であるとともに祟る神であることは、何回も触れてきた。宇佐神宮の祭神は、どこから見ても、祟る神である。

行幸会では薦枕を鵜羽屋殿で祀るが、鵜羽屋殿の屋根は「鵜《う》の羽根」で葺《ふ》くのだという。「鵜の羽根」といえば、山幸彦・海幸彦神話の豊玉姫の産屋《うぶや》を思い浮かべる。そこで生まれた子が彦波瀲武鸕鷀草葺不合尊《ひこなぎさたけうがやふきあえずのみこと》であり、行幸会とはすなわち、「隼人征討」の鎮魂が目的ではなく、祟る水の女神＝豊玉姫の故事から発生したものではなかったか。

それだけではない。放生会で行われる傀儡子《くぐつ》の舞にも、大きな秘密が隠されている。傀儡子の舞に登場する傀儡子は、息長足姫命《おきながたらしひめのみこと》（神功皇后）の眷属《けんぞく》（一族）の神ともいい、舞を演じる前に宇佐市北宇佐の「化粧井戸《けしょういど》（真名井）」でお清めを受けるのだという。そして、傀儡子の舞のクライマックス・古要相撲《こようすもう》では、東西に分かれた人形が争い、初めは互角、のちに東軍の優勢となり、最後に「住吉さま（海神《わたつみ》）」が出現し、劣勢に立たされた西軍に味方し、東軍をばたばたと倒していく、という筋書きである。

どうにもよくわからないのは、まず第一に、隼人の魂を鎮《しず》める祭りだとしても、なぜ東軍が敗れるという「過激」な内容なのか、ということである。九州からみて東とは、ヤマトのことであろう。しかも東軍を打ち破るのは、住吉の神なのである。この神は瀬戸内海の東の果て、大阪湾の岸辺に祀られる神であり、また、ヤマト朝廷に丁重に祀られた神でもある。その住吉の神が、なぜ西軍に加勢しているのであろう。

北部九州の宗像大社《むなかたたいしゃ》の伝承によれば、宗像の子が住吉で、その子が八幡であったという。まったく荒唐無稽《こうとうむけい》な伝承として見向きもされないが、これを侮《あなど》ることはできない。というのも、住吉大社の伝承には、神功皇后の夫・仲哀《ちゅうあい》天皇が橿日宮《かしいのみや》（福岡県福岡市）で亡《な》くなられた晩、神功皇后と住吉の神は夫婦の仲になったとある。神功皇后の子が応神天皇で、八幡神と同一とすれば、住吉の子は八幡という宗像大社の伝承は、整合性をもってくるのである。

これはいったい何を意味しているのだろう。

宇佐と宗像・住吉を結ぶ神武天皇

宇佐と宗像、そして住吉を結びつける人物がひとりいる。誰あろうそれがヤマト朝廷の初代天皇・神武である。

記紀による神武東征の経路

神武天皇は、ヤマト建国の直前、南部九州の日向の地から瀬戸内海を東進してヤマトに向かったが、その途次、宇佐に立ち寄っている。これはルート上当然のことなのだが、そのあと、どうしたわけか宗像の辺りに寄り道をしている。

　これは本来ならば無駄な行為であり、これが『日本書紀』の創作であったとすれば、その真意がはっきりとしない。

　また、宗像大社の三柱の祭神の一柱・市杵島姫神《いちきしまひめのかみ》が稲荷神に習合していったことはすでに触れたが、宗像神は祟る神でもあった。ただし、『日本書紀』を読む限り神武と宗像の間に接点を見《み》出《いだ》すことはできない。

神武が実際に宗像に寄り道したのかどうか、確かめるすべはない。しかも三世紀から四世紀の時点で、宗像に宗像神が祀られていたかどうかもわからない。ただ、八世紀の朝廷が、「神武が宗像に立ち寄った」という設定を挿入《そうにゅう》した事実こそが問題なのである。なぜ神武は、まるで挨拶《あいさつ》をするかのように、宗像に立ち寄ったのであろう。

宗像が祟る神であったことは、『日本書紀』も認めている。

履中《りちゅう》天皇五年三月の条には、「筑紫《つくし》に居《ま》します三《みはしら》の神《かみ》（宗像神）」が宮中に現れ、「なぜ私の民を勝手に奪うのだ。おまえに恥をかかせてやる」と呪《のろ》いの言葉を吐いたという。あわてて朝廷は祈禱《きとう》をしたが、宗像神を祀ることをしなかった。そのため、同年九月、妃《きさき》の黒媛《くろひめ》が急死し、天皇は神の祟りをおさえることを怠り黒媛を死なせてしまったことを悔いたという。

それだけではない。雄略天皇九年二月の条には、使いを遣わし宗像の神を祀らせたが、使者は同行した采女《うねめ》を神の前で手込めにしてしまったという。天皇は夕ブーを犯した使者を責めたが、神の怒りは解けなかった。三月、天皇は自ら新羅を征討しようと目論んだが、宗像の神はこれを許さなかったという。

このように、宗像神は祟る神と考えられていた。

あらためていうが、神武天皇は東征に際して、宇佐から宗像に向かい、そこから瀬戸内海を東進し、大阪湾についた。そこは住吉の神が祀られる場所であり、神武が宇佐神宮から始まった「謎《なぞ》めくトライアングル」の神社に関わりを持つように進んでいたことがわかる。これはいったい何を意味しているのであろう。

神功皇后をめぐる『日本書紀』の思惑

祟る宇佐にこれだけこだわったのは、ヤマト建国をめぐるひとつの仮説をもっているからだ。この仮説については、すでに多くの拙著の中で繰り返し述べてきたので、簡潔にまとめておくと、次のようになる。

結論をまず先に言うと、三世紀なかばから四世紀にかけてヤマトの纏向《まきむく》に集まった勢力は、ふたつに内部分裂し、確執と闘争の結果、天皇家（ヤマトの大王家）が生まれたということである。すなわち、九州の邪馬台国を滅ぼすために九州に派遣された者たちがヤマトに裏切られ、しかも彼らの怨念《おんねん》がのちにヤマトに祟《たた》りをもたらし、その結果、勝ち組であるヤマトの勢力が、負け組の末裔《まつえい》から、王を擁立せざるをえなくなった、というものである。

具体的に言うと、饒速日命《にぎはやひのみこと》と子の可美真手命《うましまでのみこと》が勝ち組、負け組は神功皇后《じんぐうこうごう》と武内《たけのうちの》宿禰《すくね》で、彼らは神話にいうところの出雲神である。

なぜこのような考えをもっているのか。もっとも重要な鍵《かぎ》を握っているのが「祟る神功皇后」である。

くり返すが、神功皇后が実在したとしても、『日本書紀』の記述を信じれば、四世紀後半の人ということになる。神功皇后はハックニシラス天皇＝崇神天皇ののちの時代の人物として描かれているのだから、当然のことだ。しかし、八世紀の朝廷に「神功皇后の正体を抹殺《まっさつ》しなければならない」という抜き差しならない事情があったとすれば、この時代設定を信じるわけにはいかなくなる。それが時代の繰り上げなのか、繰り下げなのかは、『日本書紀』編者の思惑によって変わってきたであろうから、四世紀後半の人物として書かれた神功皇后が、実際には三世紀後半から四世紀前半の人物であっても、おかしくはない。

神功皇后にまつわる『日本書紀』の記述は微妙に揺れ動いている。『日本書紀』は神功皇后を四世紀後半の人と定義したにもかかわらず、どうした理由からか、神功皇后と天照大神《あまてらすおおみかみ》の間に接点があったかのような記述を行っている。

たとえば、太陽神天照大神は素戔嗚尊《すさのおのみこと》の乱暴狼藉《ろうぜき》に辟易《へきえき》し、天の岩戸に逃げ、闇夜となったとあるが、神功皇后摂政《せっしょう》元年二月条には、日蝕《にっしょく》記事が載っている。

ヤマト建国をめぐる仮説とは？

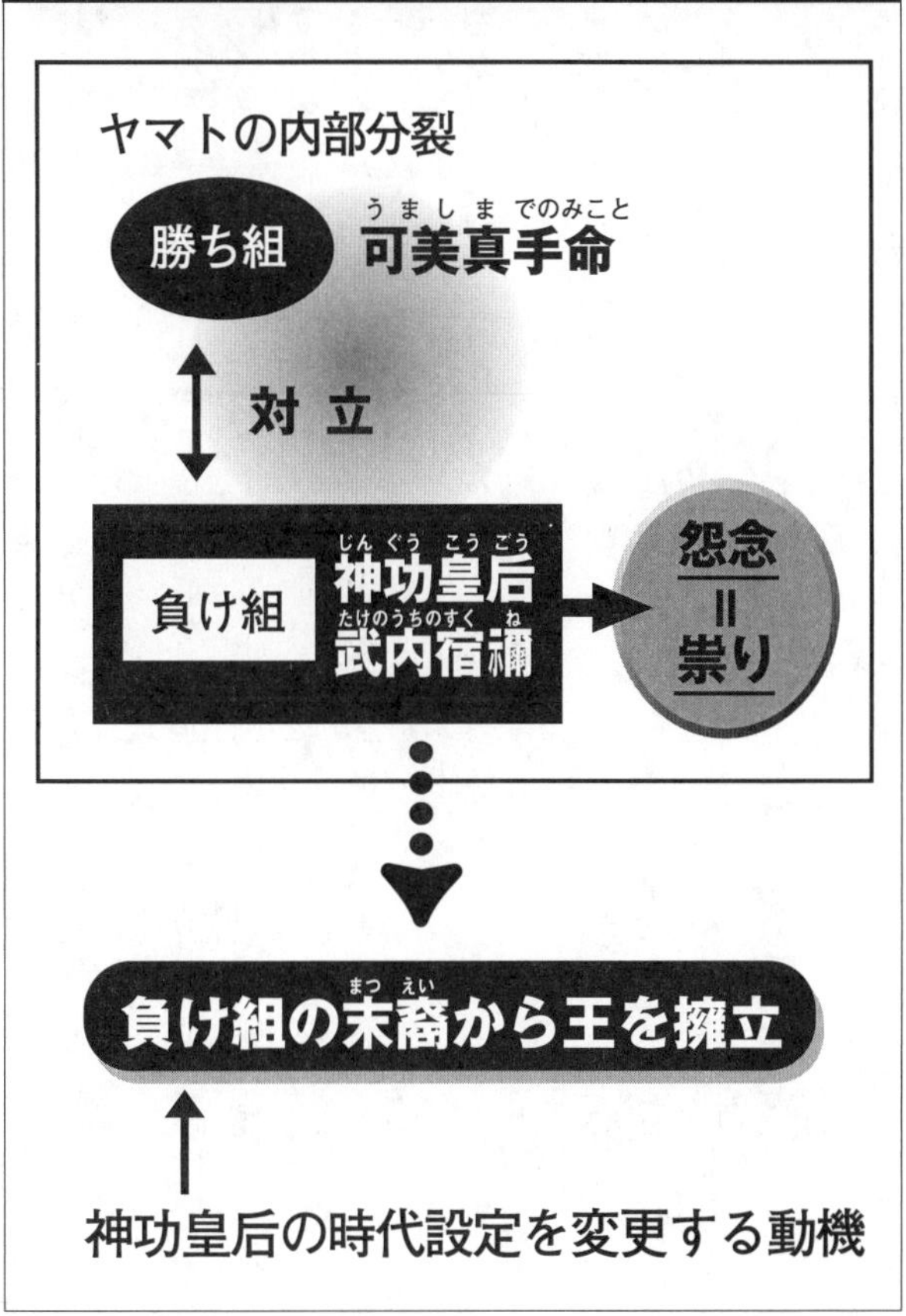

また、天照大神は素戔嗚尊が大音声をあげて高天原に乗り込もうとしているのを見て、これに対抗しようと男装をしているが、神功皇后も新羅征伐に際し、男装をしている。

天照大神の名は大日孁貴《おおひるめのむち》で、これは日巫女《ひみこ》を意味し、邪馬台国の卑弥呼に通じるが、神功皇后摂政紀の中に、『魏志《ぎし》』倭人伝《わじんでん》の邪馬台国記事が引用されている。

では、神功皇后は天照大神や卑弥呼と同一人物であったという認識が『日本書紀』の編者にはあったのだろうか。そして、本当に神功皇后は、卑弥呼だったのだろうか。

トヨが九州に封印されたカラクリ

『日本書紀』の中で神功皇后は卑弥呼とつながっている。しかし、『日本書紀』以外の多くの伝承の中で、神功皇后が結びつくのは卑弥呼の宗女《そうじょ》「トヨ（台与《とよ》）」のほうである。拠点となった地が「豊浦宮《とゆらのみや》」で、妹に「豊姫」がいたこと、神功皇后伝承を盛んに伝える北部九州では、「豊比咩《とよひめ》」なる謎の女神が祀《まつ》られていることなどがその証拠である。

このように見てくれば、神功皇后は卑弥呼というよりも、卑弥呼の宗女・トヨがふさわしい。そして、『日本書紀』には、次のような記述がある。すなわち、熊襲《くまそ》征伐に北部九州に派遣された神功皇后は、邪馬台国北部九州説の最有力候補地の「山門《やまと》」の女首長を攻め滅ぼしたというのである。このことから、筆者は、ヤマトと北部九州が対立し、卑弥呼の北部九州勢力が「ヤマト（邪馬台国）」を偽僭《ぎせん》した上で、魏に朝貢《ちょうこう》し「倭国王」の称号を獲得、これをヤマトが潰《つぶ》しにかかり、日本海（出雲）から侵攻したトヨが、新たに君臨したと考えている。

神功皇后が「トヨ」であったと思うもうひとつの理由は、神功皇后の忠臣・武内宿禰が浦島太郎や塩土老翁《しおつつのおじ》（住吉大神）によく似ていること、この三者が「トヨ」や「豊受大神」との間に濃密な関係を持っていたからである。（拙著『蘇我氏の正体』新潮文庫）

また、『日本書紀』には、武内宿禰が北部九州に遣わされていたとき、身内の裏切りによって殺されかけたと記されている。

『日本書紀』によれば、神功皇后は、北部九州で応神を生み、ヤマトに向かったとあり、これに対しヤマトに残っていた身内の勢力が、応神のヤマト入りを阻止しようと立ち上がったという。これはヤマトに裏切られた武内宿禰の立場によく似ている。あらためて述べるまでもなく、武内宿禰は応神と手を携え、瀬戸内海を東に向かい、ヤマトの抵抗勢力と戦った。

武内宿禰は住吉神＝塩土老翁と共通点をもっているが、この人物の命運は、宇佐神宮の特殊神事・放生会の中で行われる傀儡子の舞の「住吉さま」と重なってくる。西軍の加勢をし、劣勢をはね返し、東軍を打ち負かしていたからである。

『古事記』には、北部九州から瀬戸内海を東に向かった一行は、応神がすでに亡くなったというデマを流し、喪船《もふね》＝「遺骸《いがい》だけを乗せた空船」を用意し、敵を欺《あざむ》いたと記されている。誰も乗らない船をヤマトに向けて曳航《えいこう》したのは（実際には兵士たちが忍んでいたというが）、裏切られたことに対する「恨み」の表現方法のひとつであったかも知れない。また、このとき応神がヤマトに勝利した、というのも、にわかに信じることはできない。凱旋《がいせん》した神功皇后は、応神を即位させることなく六十数年間摂政であり続けたという。これは亡霊の政権であり、事実ととることはできない。

『日本書紀』の記述をそのまま信じれば、応神に祟るいわれはない。それにもかかわらず、宇佐神宮で八幡神は祟る神の特徴をいくつも備えていた。とするならば、神功皇后と応神、そして武内宿禰は実際には敗れ去り、九州の地に封印されてしまったのではなかったか。

では、なぜ神功皇后や武内宿禰（出雲）がヤマトに裏切られたかというと、それは、ヤマト建国直後に勃発《ぼっぱつ》した、瀬戸内海と日本海の流通ルートをめぐる主導権争いが原因であろう。瀬戸内海勢力を中心にまとまったヤマトが、日本海から北部九州までを勢力圏に入れた出雲を恐れ、潰《つぶ》しにかかったと考えられる。これが、神功皇后と武内宿禰の悲劇であり、また神話の出雲の国譲りの真相であろう。

喪船という水の祟り

ところで、『古事記』の応神の遺骸を喪船に乗せたという記事は、実に暗示的である。喪船はいったいどこに行こうとしていたのだろう。それはヤマトではないだろう。これは、海の民の埋葬文化、「水葬」と密接なつながりがあると思う。それに、応神の乗った喪船＝空船は、乗り手のいない空っぽの船を意味している。舵《かじ》を取らずに船が進む先は、「幽界」であり、海神の住む宮である。それは、まさに水草・薦《こも》でつくった枕《まくら》の御神体を海に放つのと同じ発想である。神功皇后のとった作戦は功を奏し、ヤマトの抵抗勢力を駆逐できたと『古事記』はいう。だが、これは本当だろうか。

祟る「喪船」を瀬戸内海にただよわせたのは、「呪い」であり、「水の祟り」にほかならない。武力では負けたからこそ、呪いをかけるのである。宇佐神宮の特殊神事で、東西の傀儡子《くぐつ》が争い、最後に「住吉さま」が出現し、東軍をばったばったと倒すのは、実際には負けて恨みをもった神の御霊を、祭りの中で暴れさせて鎮魂するのが目的である。もし本当に戦争に勝っていたのなら、このような祭りをする必要はどこにもない。

では、ヤマトに裏切られた神功皇后らは北部九州の地で滅亡したのだろうか。そうではなく、彼らは南部九州へ逃れていて、これが神話に言うところの天孫降臨ではないか、と筆者は考えている。このあたりの事情は、拙著『天孫降臨の謎』の中で詳述したが、簡潔に述べておくと、次のようになる。

天孫降臨神話の設定は不自然だ。三世紀から四世紀にかけての九州の人口密集地帯は北部九州で、それにもかかわらず、『日本書紀』や『古事記』は、皇祖神たちが、南部九州に降臨したといっている。しかも「高千穂《たかちほ》」に降臨したといい、その直後、九州のほぼ最南端に近い野間岬《のまみさき》（鹿児島県薩摩半島南西部）にたどり着いたという。

このような神話は、津田左右吉《つだそうきち》の「合理的な精神」によって、まったく無視され続けてきたのだ。しかし、神話の中で天皇の祖を南部九州に降臨させる必要性はどこにあっただろう。最初からヤマトに降臨するか、あるいは北部九州に舞い降りたことにしておけば、信憑性《しんぴょうせい》は増していたのである。

天孫降臨とトヨ敗北の因果

神話がまったくの創作としたら、天孫降臨はあまりにも設定がお粗末である。神話は天皇家の正当性を述べるために記されたのだから、もう少しまともな場所に、降臨させるべきであった。なぜ『日本書紀』の編者は、皇祖神を野間岬という辺鄙《へんぴ》な地に漂着させなければならなかったのだろう。

そこで九州の地理というものを考えてみよう。

弥生時代、九州が繁栄したのは、半島から近く、先進の文化が流入しやすいという地勢上の利点があったからである。特に、朝鮮半島に対面していた北部九州が発展した。

ところが、ひとたび「東側」に強大な勢力が勃興《ぼっこう》し敵対すると、北部九州は東側からの攻撃にすこぶる弱いという欠点を露呈する。北部九州の繁栄の基盤は筑後川と筑紫平野の生産力と北部の海岸地帯の交易に適した地形が大きな意味をもつのだが、この筑紫平野の東側はいくつもの盆地が連なり、これが平野を見下ろす形となり、北部九州勢力の急所となる。これに対抗するには、筑後川を下った久留米市の高良山《こうらさん》や南側の女山《ぞやま》あたりを根城に、守りに徹するほかはないのである。

邪馬台国北部九州説の最有力候補地が高良山と女山に守られた地域＝山門であったことは偶然ではない。卑弥呼は山門に根城（邪馬台国）を築き、畿内と対立したにちがいない。当然、卑弥呼の邪馬台国を攻め滅ぼした神功皇后（トヨ）は、北部九州を統治するために、高良山周辺を城塞化《じようさい》したのだろう。高良山周辺に「豊比咩《とよひめ》」なる女神を祀った神社が密集していることも、このあたりの事情を証明しているように思われる。

ところが、私見通り、神功皇后がヤマトに裏切られ、攻められたとすればどうだろう。彼女らは筑後川を一気に下り、そのまま舟に乗って逃走したとは考えられないだろうか。

そして、瀬戸内海側から攻めきたる敵から逃れるとしたら、残された地は南部九州だけだ。有明海から南下する熊本県西岸の水上ルートは多島海で、海人の天国であり、その先に「野間岬」が突き出ている。すでに触れたように、野間岬こそ、皇祖神がたどり着いた場所であり、この「お伽話《ときばなし》」に、妙なリアリティを感じずにはいられない。

天孫降臨とはようするに、神功皇后や応神の零落と逃避であろう。

『日本書紀』によれば、神武に東征をうながしたのは塩土老翁であったといい、この伝説上の人物が住吉大社の祭神であり、なおかつ武内宿禰と多くの接点を持っていたことを忘れてはなるまい。あらためて述べるまでもなく、宇佐神宮の放生会で「住吉さま」は「西軍」の劣勢を逆転させ、「東軍」をばったばったとなぎ倒してみせた。また、住吉大社の伝承には、仲哀天皇が亡《な》くなった晩、神功皇后と住吉の神は夫婦の仲になったとある。とするならば、塩土老翁が神武天皇をヤマトに誘ったという話も無視することはできなくなってくるし、武内宿禰と塩土老翁が同一人物とすれば、天皇家の祖は武内宿禰だったことになる。

祟る大物主神《おおものぬしのかみ》という嘘《うそ》の記述

ここで話は、神武天皇からもうひとりのヤマト朝廷の初代王・崇神天皇にうつる。『日本書紀』崇神天皇五年条には、国内に疫病がはやり、人口が半減するような惨事に見舞われていたとある。翌年には、百姓たちが土地を捨て流浪し、不穏な空気がただよい始めた。七年の春二月、天皇は占いをしてみると、神明倭迹迹日百襲姫命《かみやまとととひももそひめのみこと》に神が憑依《ひょうい》し、崇神が神意を問うと、大物主神を名乗り、大物主神の子・大田田根子《おおたたねこ》をもって自分を祀れば、世は平静を取り戻すだろうと告げた。そこで神託どおり大田田根子を探してみると、茅渟県《ちぬのあがた》の陶邑《すえのむら》（和泉国大島郡。現在の大阪府堺市）で見つけ出し、大物主神を祀らせてみると、神託どおりになったという。

『古事記』は、この当時のヤマトをしきりに苦しめたのは「大物主神の祟り」であったというが、これは本当だろうか。というのも、「記紀」の記述を見る限り、大物主神に祟る理由が見出《みいだ》せないからである。

たとえば、神話の中で大物主神は、出雲神・大己貴神《おおなむちのかみ》の「和魂《にぎみたま》」として登場し、ヤマトに移りたいと言い出している。「和魂」とは、祟りをもたらす恐ろしい「荒魂《あらみたま》」とは正反対のおだやかな神で、豊穣《ほうじょう》をもたらす良い神である。とするならば、ヤマトの大物主神が祟って出たという話をにわかには信じられない。『日本書紀』と『古事記』は、このとき大物主神が「疫神《えきじん》」となったという話をでっち上げたのだろう。

さらに不可解なのは、大物主神の子・大田田根子の素性がよくわからない、ということである。なぜ大田田根子が祟りをおさえることができたのか、なぜそのような大事な「御子《みこ》」が、忘れ去られていたというのだろう。なぜ大物主神は、「大田田根子でないとダメ」と、指定したのだろう。『日本書紀』に従えば、大田田根子は三輪君《みわのきみ》らの祖であったという。

大田田根子については、諸説あって定かなことはよくわからない。「オオタタネコ」と続けて読むべきなのか、あるいは「オオタ・タネコ」と分けて読むべきなのかも定かではない。第一、男性なのか、女性なのかも正確にはわかっていないのが実情だ。たとえば真弓常忠氏は『古代の鉄と神々』(学生社)の中で、次のような指摘をしている。

大田田根子が「陶《すえ》」の村からつれてこられたこと、この地名から連想されるのは「土器」であり、初期の製鉄が土器の焼成技術を使って行われていたところから、大田田根子は「タタラ」の神を意味している、とする。

一方、千田稔氏は『南方神話と古代の日本』(中西進編　角川選書)の中で、実に重要な指摘を行っている。

それによれば、『住吉大社神代記《じんだいき》』に住吉大社と関わりの深い船木連《ふなきのむらじ》の祖・大田田《おおたたの》命《みこと》という人物が現れ、日神祭祀《さいし》に関わっていたこと、また、オオタという地名と海人《あま》族《ぞく》の祀る火明命のつながりが見出され、三輪山信仰と海人がつながっていたのではないか、と指摘している。さらに、三輪山の山頂に神坐日向神社《みわにいますひむかいじんじゃ》があって、これが太陽神であろうこと、海人族が信仰した火明命の「火」は「日」にも通じ、「三輪山王朝の王権のシンボルの山が海人族とつながってくる可能性」が高い、というのである。

大田田根子と「海」がつながっている、という千田氏の説は興味深い。本来ならば、大田田根子については、もっと掘り下げてみる必要があるが、それは別稿に譲り、ここでは千田氏の指摘を重視してみたい。

三輪山の日向御子《ひむかのみこ》の正体

大田田根子の父・大物主神は出雲からやってきた神である。その出雲は日本海に面し、天然の良港を有していたから、当然のことながら、「海」の信仰をもった地域だった。だからこそ、事代主神《ことしろぬしのかみ》は出雲の国譲りに際し、海に没し、出雲国造は水葬されたのである。

したがって、大物主神が海人族とつながりがあったという千田氏の指摘はむしろ当然のことであって、出雲の繁栄とヤマト建国における貢献は、「海」なしには考えられないのである。

そして、海人族が独自の太陽信仰を持っていたのだから、大物主神を祀《まつ》る三輪に太陽信仰の残像があるという話は整合性をもってくる。

問題は、その三輪山の山頂に、神坐日向神社が祀られていることである。

なぜ三輪に「日向《ひむか》」なのであろう。それは単に、「日に向かっている」という意味なのであろうか。本居宣長《もとおりのりなが》は「東」を分解し、「ヒ（日）＋ムカ（向）＋シ」とし、「日向」を「東」と同意語としている。

だが、神坐日向神社の「日向」を単純に「東」と決めつけることはできない。というのも、この神社の鎮座地よりも高い場所、まさしく三輪山のもっとも標高の高い場所に、高宮神社《こうのみやじんじゃ》があって、もともとはこちらが本来の宮であった疑いが強いのである。

問題は、ふたつある。ひとつは神坐日向神社が北面していて、南中した太陽を遥拝《ようはい》するように設定してあることで、これは、「日向」＝「東」とする本居説を否定している。

さらに、高宮神社の祭神が、「日向御子神《ひむかのみこのかみ》」であったところに、重大なヒントが隠されている。

なぜ大物主神を祀る三輪山の頂上に、「日向御子神」なる得体の知れない神が祀られているのだろう。

大和岩雄氏は、大物主神が人（御子）として顕現《けんげん》したものが日向御子で、この御子は大物主神を祀る側に周《まわ》ったという。また、大物主神の御子として名高いのは大田田根子で、太陽神を祀るために「日に向かう」のだから、日向御子は大田田根子その人

ではないかとしている。(『日本の神々　4　大和』白水社)

三輪山の日向御子が大田田根子であった疑いは強い。しかし、そうであったとしても、大田田根子が太陽神を祭り、「日に向かう」から日向御子、とする説明は納得できない。なぜなら、大物主神を祀る者が、どういう理由で大物主神の祀られる三輪山の山頂に祀られる必要があるのか、理解できないからである。

「日向御子」は、そのまま素直に「日向の御子」「日向からやってきた御子」と解すべきではあるまいか。すなわち、大田田根子を見つけたのは和泉国の陶邑《すえのむら》であったと『日本書紀』はいうが、実際には南部九州の「日向」で探し当てたのであり、なぜ「日向」なのかといえば、それは、ヤマトが裏切ったトヨの一族が、「日向」で復活の呪術《じゆじゆつ》をくり広げていたからではなかったか。

つまり、崇神天皇の時代の祟《たた》りの話は、実際には、神武がまだ九州にいたときの話であり、大田田根子の正体は、ヤマトの謀略によって裏切られた神功皇后の御子にほかなるまい。ヤマト建国当時、ヤマトが祟りに悩まされたとあるのは、要するに神功皇后(トヨ)の祟りである。そして、「祟る日向のトヨの御子＝神武」だからこそ、ヤマトに招き、王位につける必要があったと考えられる。もちろん、このようなヤマト建国にいたるいきさつは藤原不比等の手で抹殺《まつさつ》され、「祟る大物主神」「調伏する大田田根子」という話にすり替えられたと考えられる。

呪《のろ》いと祟りの王の正体

ずいぶんと遠回りをしたようである。

日本を支配する「呪い」と「祟り」の根源を探り、縄文時代のアニミズムや多神教に行き着いた。そこには、豊穣の女神の信仰と、ストーンサークルに代表される太陽信仰が存在していたのであり、この伝統が、ヤマト建国にも色濃く反映されていたのだ。ヤマトの大王（天皇）は、初め日向の地でヤマトを呪い、そして、その祟りにおびえたヤマトが、王として迎え入れたものだったと考えられる。

神武天皇の東征、つまり、天皇家の誕生の真相とは、呪いと祟りの恐怖の歴史そのものだった。そう考えることで、「祟る王」を求めた理由もはっきりしてくる。人口が半減してしまうような疫病の蔓延《まんえん》を、いかに封じ込めるか。そのためには、祟る神を慰撫《いぶ》することであり、祟る神を丁重に祀ることである。祟る神をなだめれば、その神は豊穣の神に変身する。ここにいう「祟る神」は、神武だけではない。ヤマトを恨んで死んでいった神功皇后（トヨ）も、祟る神であったろう。そしてこの女人は、功皇后は、こうして、日本を代表する豊穣の女神となっていったのではあるまいか。神功皇后は海神から潮の満ち引きを自在に操る如意珠（ヒスイ）をもらい受け、海のトヨの女神と結びついていた。また、出雲神たちは、政敵を呪い、水の中に消えていった。神功皇后や出雲神に対する畏敬《いけい》と恐怖心は、「祟る水と塩」「呪う水草」につながり、やがて稲荷信仰と結びついていったのだろう。

奈良時代、聖武が八幡神をヤマトに勧請《かんじょう》してみせたのも、「神武の故事」にならったのではなかったか。すなわち、九州で流行った天然痘《てんねんとう》が都にやってきたのであって、これを調伏《ちょうぶく》するには、九州の八幡神の霊威を必要としたのである。そして、その宇佐の八幡神とは、喪船に乗った応神天皇の亡霊であり、この人物を神功皇后の末裔《まつえい》としての神武天皇と仮説を立てることで、すべての謎《なぞ》を解き明かすことができる。

それはともかく、『日本書紀』編纂《へんさん》の中心に藤原不比等がいて、不比等の父・中臣鎌足は、蘇我入鹿と蘇我本宗家を滅亡に追い込んだことで権力を手に入れていた。したがって、『日本書紀』は蘇我氏をとことん悪役に仕立てる必要があり、また、ヤマト建国に蘇我氏の祖（武内宿禰）が大活躍していたことなど、口が裂けてもいえなかったし、事実を抹殺する必要に迫られたのであろう。その結果、邪馬台国の真相も闇《やみ》

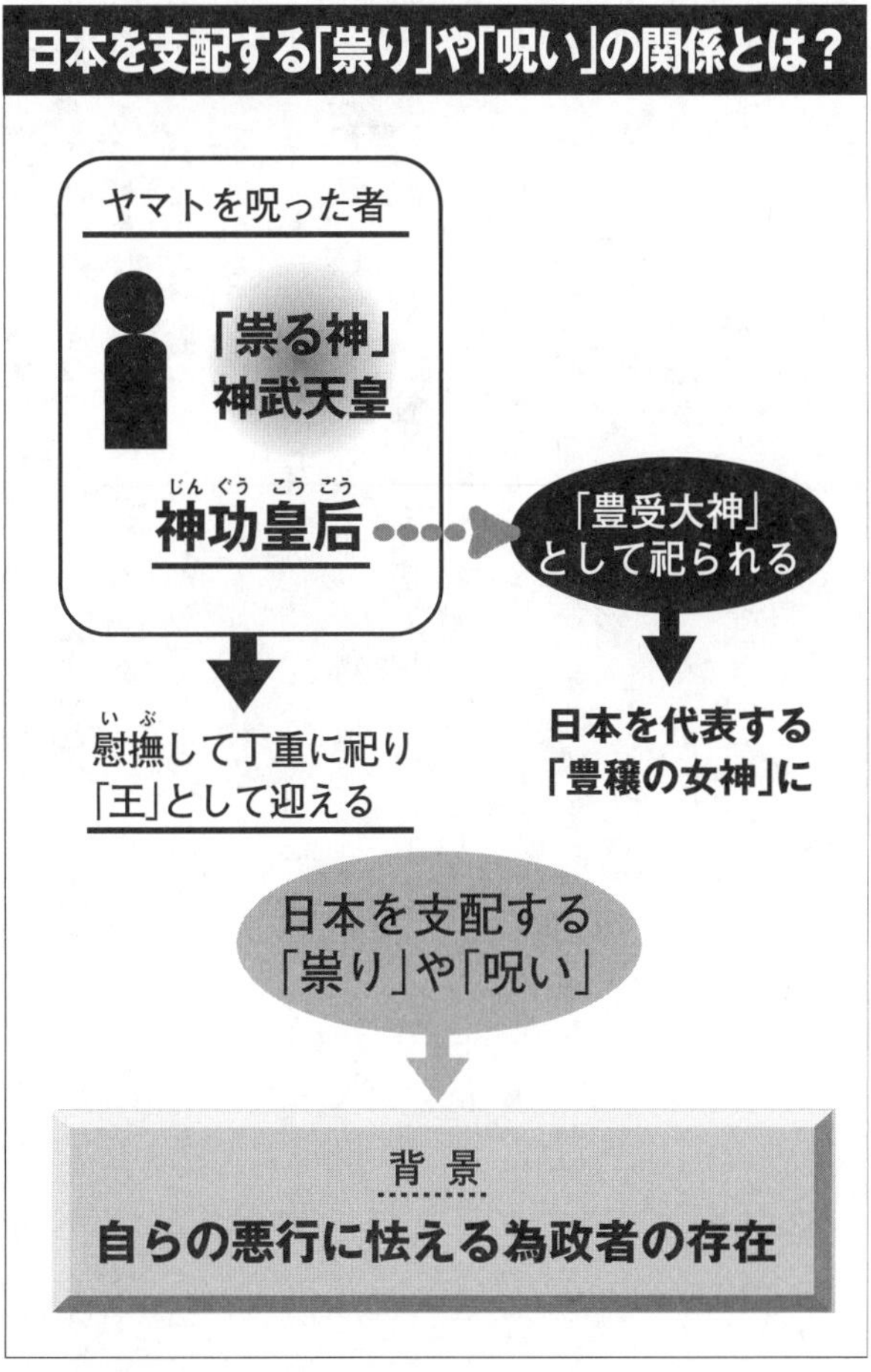
日本を支配する「祟り」や「呪い」の関係とは？
ヤマトを呪った者
「祟る神」
神武天皇
神功皇后《じんぐうこうごう》
「豊受大神」
として祀られる
慰撫《いぶ》して丁重に祀り
「王」として迎える
日本を代表する
「豊穣の女神」に
日本を支配する
「祟り」や「呪い」
背景
自らの悪行に怯える為政者の存在

に葬《ほうむ》られ、本来ひとりであったはずのヤマトの初代の大王（天皇）が三人に書き分けられた。だが、八世紀に漢風諡号《かんふうしごう》が考え出されたとき、淡海三船《おうみのみふね》は三人全員に「神」の名をあてがった。それは、三人が「祟る鬼」であり、「祟られる鬼」であったことを知っていたからであろう。「祟る天皇」という幻想は、こうして、確かな歴史的事実を踏まえたうえで、完成していたと考えられる。

平安時代にいたり、ヤマト建国の歴史が人々から忘れ去られたのち、豊穣の女神という縄文以来の伝統が芽を吹き出す。それは稲荷信仰となり、修験道《しゅげんどう》の手で全国に広められていった。稲荷の社を無闇に取り壊せば恐ろしい祟りに遭うと人々が信じたのは、日本人の迷信であるとしても、そこには、ヤマト建国時の恐怖の体験が、トラウマとなって日本民族を呪縛《じゅばく》しているからではないかと思えてならないのである。

日本は祟りに支配され、「裏」が「表」を凌駕《りょうが》していると考えられたのは、要するに、「天皇」そのものが、恐怖をもたらす大王だったからだろう。ではなぜ、恐ろしい王を人々は求めたのだろう。それは、鬼のように祟り、そして神のように恵みをもたらすという、大自然そのものの二面性を、天皇がもっていたからにほかなるまい。

おわりに

国民体育大会などで天皇陛下を招く自治体は、てんやわんやの騒動となる。道は掃き清められ、厳重な警備体制が敷かれる。宿泊される旅館の畳は新品に張り替えられ、当然のことながら（?）、古いトイレはウォシュレットに取り替えられる。

なにがあっても、「粗相」は許されないのだ。

なぜそうなのかといえば、「天皇は恐ろしい存在」と考えるとすっきりする。「さわらぬ神に祟《たた》りなし」の精神が根底にある。

「祟る天皇」「永続する天皇」は、日本史最大の謎《なぞ》である。たった一本の錦《にしき》の御旗《みはた》に武士団が恐れおののいた理由は、これまで明確にされてきたとは言えない。ただ漠然と、権力を持たない東洋的な王権としての「天皇の権威」がいつしか強い幻想となって、人々を震え上がらせたのではないか、と考えられていたわけである。

そのいっぽうで、網野善彦氏は、中世の「表の王」と「裏社会」が結びつくことで、天皇家の永続性が約束されたと推理したのである。しかし、これが完璧《かんぺき》ではなかったのは、天皇家の根っこ、古代における天皇家の姿がはっきりしなかったからにほかならない。網野善彦氏の説に対する今谷明氏の反論が、「当初権力を持っていた天皇」という間違った前提からはじめられたのは、致し方のないことであった。

しかし、すでにヤマト建国のそのとき、天皇（大王）は祟るからこそ連れてこられたと考えることで、多くの謎が氷解するのである。

「祟る王」、その根源にある「祟る女神の恐怖」の記憶は、日本人の深層心理にしっかりと刻み込まれ、自覚のないまま稲荷や八幡の祠《ほこら》を祭り続けているように思われる。つまり、「日本の呪《のろ》いと祟り」の根源には、太古から続く「祟る天皇」という問題が秘められているのである。

そして、「天皇」にいったん権力を渡せば、どのような災難に遭うかを十分承知しているのにもかかわらず、近代日本が「禁じ手」を使ったのは、日本人としての「まともな神経」を失っていたからにほかなるまい。

また、だからといってこの王権を危険視し、できれば潰《つぶ》してしまいたいなどという戦後の「進歩的」な発想に同意することはできない。「祟る神（それは大自然でもある）」に震え上がる謙虚さこそが、日本民族の叡智《えいち》であり、今日すっかり忘れ去られてしまった日本人本来の美徳でもあるからだ。

なお、今回の文庫化にあたっては、新潮社常務取締役松田宏氏、新潮社文庫編集部の内田諭氏、新潮社校閲部の新庄滋氏、㈱アイブックコミュニケーションズ代表取締役の的場康樹氏、歴史作家の梅澤恵美子氏のみなさまにお世話になりました。改めてお礼申し上げます。

合掌

文庫版あとがき

歴史に「もし」は禁物だが、もし日本ではなく、ドイツやイタリアが「唯一の被爆国」であったとしたら、広島や長崎の展開するような「核兵器廃絶運動」はしていなかったのではないか。

日本の核兵器廃絶運動は、「核兵器は悲惨な結果を招く。だから核兵器を廃絶しよう」と、「情」を前面に打ち出す。このように訴えることは、まちがいではない。しかし、本気で核兵器をこの世から葬り去りたいのなら、このやり方はあまり効果がない。現実を動かすには、戦略とルール作りが必要だからだ。

もしドイツやイタリアだったら、こうするのではあるまいか。すなわち、核保有国が非核保有国を核攻撃した場合の厳罰を、国際社会に提案するのだ。

その一方で、核保有国の経済的負担が大きくなるようなシステムを造る。具体的には、非核保有国が国連に代わる組織を造り、核保有国の核兵器保有数に比例した税を徴収することだ。負担に耐えられなくなった核保有国は、次第に核兵器の数を減らしていく……。

もっとも核保有国は、このようなプランを一蹴《いっしゅう》するだろう。けれども、現実を変えるための具体的なプランをもっているかいないかでは、雲泥《うんでい》の差がある。議論を高めれば、国連のあり方そのものを、変えることができるかもしれない。

いずれにせよ、核兵器廃絶を情で訴えるだけの運動には、限界がある。第二次世界大戦の勝者（ほとんどが白人でキリスト教徒）が核兵器を独占的に保有する正当性はもはやなく、非核保有国に核兵器保有を思いとどまらせる思想的根拠が脆弱《ぜいじゃく》なのだ。だからこそ、核拡散の恐怖が、現実のものになりつつある。また、資源争奪戦がこのまま加熱すれば、核兵器が飛び交う危険性が高まる。

要は、理念を唱えるだけではなく、現実を動かすための具体的な戦略を練ることだ。そして、日米安保条約から抜け出し自立した国家を夢みるなら、核武装か、世界を巻き込んだルール作りのどちらかが必要だということを、自覚する必要がある。

なぜこのような話をしたかというと、日本人は伝統的に、戦略を練ることが苦手だからだ。そして、その理由もはっきりとしている。本編でも触れたように、日本人が多神教世界にどっぷりと浸《つ》かっているためである。

多神教世界の住民は、大自然（神）の力には、到底かなわないと諦念《ていねん》を抱く。だから、自然を支配し改造しようとする発想が芽生えない。いわば「受け身の処世術」を身につけている。

その一方でキリスト教やイスラム教といった一神教世界の住民は、宇宙を創造したのは神と説き、神の名のもとに自然を支配しようと目論む。だから、世界を支配するための正義が掲げられ、プランが描かれる。

日本の外交に戦略が欠如し、アメリカや中国に振り回されるのは、このような日本人の宗教観と無縁ではない。内田《うちだ》樹《たつる》氏の『日本辺境論』（新潮新書）に多神教というキーワードを組み合わせれば、完璧《かんぺき》な日本人論が成立する。

ただし、日本人も一神教的正義を掲げるべきだ、といっているのではない。内田樹氏も述べているとおり、「こんな変わった国の人間にしかできないことがあるとしたら、それは何かを考える」べきだろう。

一神教が砂漠で生まれたのは、一般に言われているように、「何もない砂漠で抽象的な思考を身につけた」からではなく、「豊穣の地を追い出された敗者が勝者を呪い、敵を倒す正当性を見出《みいだ》すために一神教は生まれた」と、筆者は考える（『「日本書紀」が隠し通した天皇の正体』廣済堂文庫）。

一神教は、大自然に対する畏怖《いふ》を忘却した独善の信仰であり、一神教の論理を野放しにすれば、自然破壊は留まるところを知らず、人類滅亡の日は、限りなく近づくに違いない。事実、核兵器を保有するのは、一神教（共産主義も含まれる）の国々である。

核兵器廃絶を実現するために必要なのは、一神教世界の論理と戦略ではなく、「多神教的自然観」を共有する者たちの連携なのではなかろうか。せめてそのための戦略だけでも、唯一の被爆国である日本が、世界に向けて発信していきたいのである。

そしてわれわれは、「呪い」や「祟り」に彩られた多神教世界の住民であることを、誇りにするべきなのである。

この作品は平成十五年十二月東京書籍より刊行され、
文庫化にあたり加筆修正し、改題したものである。

梅原 猛著

歓喜する円空

全国の円空仏を訪ね歩いた著者が、残された絵画、和歌などからその謎多き生涯と思想を解読。孤高の造仏聖の本質に迫る渾身の力作。

松本清張著

小説日本芸譚

千利休、運慶、光悦――。日本美術史に燦然と輝く芸術家十人が煩悩に翻弄される姿――人間の業の深さを描く異色の歴史短編集。

松本清張著

或る「小倉日記」伝

芥川賞受賞 傑作短編集㈠

体が不自由で孤独な青年が小倉在住時代の鷗外を追究する姿を描いて、芥川賞に輝いた表題作など、名もない庶民を主人公にした12編。

松本清張著

黒地の絵

傑作短編集㈡

朝鮮戦争のさなか、米軍黒人兵の集団脱走事件が起きた基地小倉を舞台に、妻を犯された男のすさまじい復讐を描く表題作など9編。

松本清張著

西郷札

傑作短編集㈢

西南戦争の際に、薩軍が発行した軍票をもとに一攫千金を夢みる男の破滅を描く処女作の「西郷札」など、異色時代小説12編を収める。

松本清張著

佐渡流人行

傑作短編集㈣

逃れるすべのない絶海の孤島佐渡を描く「佐渡流人行」、下級役人の哀しい運命を辿る「甲府在番」など、歴史に材を取った力作11編。

松本清張著
張込み
傑作短編集(五)
平凡な主婦の秘められた過去を、殺人犯を張込み中の刑事の眼でとらえて、推理小説界に新風を吹きこんだ表題作など8編を収める。

松本清張著
駅路
傑作短編集(六)
これまでの平凡な人生から解放されたい……。停年後を愛人と送るために失踪した男の悲しい結末を描く表題作など、10編の推理小説集。

松本清張著
わるいやつら(上・下)
厚い病院の壁の中で計画される院長戸谷信一の完全犯罪！ 次々と女を騙しては金をまき上げて殺す恐るべき欲望を描く長編推理小説。

松本清張著
歪んだ複写
—税務署殺人事件—
武蔵野に発掘された他殺死体。腐敗した税務署の機構の中に発生した恐るべき連続殺人を描いて、現代社会の病巣をあばいた長編推理。

松本清張著
半生の記
金も学問も希望もなく、印刷所の版下工としてインクにまみれていた若き日の姿を回想して綴る〈人間松本清張〉の魂の記録である。

宮城谷昌光著
晏子(一〜四)
大小多数の国が乱立した中国春秋期。卓越した智謀と比類なき徳望で斉の存亡の危機を救った晏子父子の波瀾の生涯を描く歴史雄編。

宮城谷昌光著

玉　人

女あり、玉のごとし――運命的な出会いをした男と女の烈しい恋の喜びと別離の嘆きを幻想的に描く表題作など、中国古代恋物語六篇。

宮城谷昌光著

史記の風景

中国歴史小説屈指の名手が、『史記』に溢れる人間の英知を探り、高名な成句、熟語のルーツをたどりながら、斬新な解釈を提示する。

宮城谷昌光著

楽　毅（一～四）

策謀渦巻く古代中国の戦国時代。名将・楽毅の生涯を通して「人がみごとに生きるとはどういうことか」を描いた傑作巨編！

宮城谷昌光著

香　乱　記（一～四）

殺戮と虐殺の項羽、裏切りと豹変の劉邦。秦の始皇帝没後の惑乱の中で、一人信義を貫いた英傑田横の生涯を描く著者会心の歴史雄編。

宮城谷昌光著

青雲はるかに（上・下）

才気煥発の青年范雎が、不遇と苦難の時代を経て、大国秦の名宰相となり、群雄割拠の戦国時代に終焉をもたらすまでを描く歴史巨編。

宮城谷昌光著

古城の風景Ⅰ
―菅沼の城　奥平の城　松平の城―

名将菅沼、猛将奥平、そして剽悍無比の松平。各氏ゆかりの古城を巡り、往時の武将たちの宿運と哀歓に思いを馳せる歴史紀行エッセイ。

新潮文庫最新刊

関 裕二著
呪う天皇の暗号
古代から、為政者たちが恐れていた呪いと祟り。正史に隠された、その存在を解き明かし、既存の歴史を刷新する。スリリングな論考。

熊谷 徹著
あっぱれ技術大国ドイツ
ドイツの産業はなぜ優秀？　発明家を多数生み出した国民性や中規模企業が支える経済の現状を、在独20年の著者がつぶさにレポート。

水木悦子著
お父ちゃんのゲゲゲな毎日
上機嫌だと白目をむき、寝ている人を起こすと激怒。水木家次女による、父しげるの爆笑エッセイ。こんなお父ちゃん、面白すぎる！

佐々木志穂美著
さん さん さん
—障害児3人 子育て奮闘記—
授かった3人の息子はみな障害児。事件の連続のような日常から、ユーモラスな筆致で珠玉の瞬間を掬い上げた5人家族の成長の記録。

田村明子著
氷上の光と影
—知られざるフィギュアスケート—
美しき氷上の舞——観衆を魅了する舞台の裏で繰り広げられる闘いのドラマを描く、本邦初のフィギュアスケート・ノンフィクション。

J・アーチャー
戸田裕之訳
遥かなる未踏峰（上・下）
いまも多くの謎に包まれた悲劇の登山家マロリーの最期。エヴェレスト登頂は成功したのか？　稀代の英雄の生涯、冒険小説の傑作。

呪《のろ》う天皇《てんのう》の暗号《あんごう》

新潮文庫　せ－13－4

平成二十三年一月一日発行

著者　関《せき》裕《ゆう》二《じ》

発行者　佐藤隆信

発行所　株式会社 新潮社

郵便番号　一六二―八七一一
東京都新宿区矢来町七一
電話　編集部(〇三)三二六六―五四四〇
　　　読者係(〇三)三二六六―五一一一
http://www.shinchosha.co.jp

価格はカバーに表示してあります。

乱丁・落丁本は、ご面倒ですが小社読者係宛ご送付ください。送料小社負担にてお取替えいたします。

印刷・錦明印刷株式会社　製本・錦明印刷株式会社

ISBN978-4-10-136474-2　C0121